U0829825

第七批全国重点文物保护建筑精粹

CITY WALK

打卡五大道小洋楼

Wudadao Western-style Buildings

高大鹏 著

天津大学出版社

五大道鸟瞰

序

五大道是指位于天津市中心城区和平区的南部，东西并排的马场道、睦南道、大理道、常德道（半条）、重庆道、成都道五条半道路。五大道风情区范围包括成都道以南，马场道以北，西康路以东，马场道与南京路交口以西的一片长方形区域，核心区域面积为1.28平方千米。19世纪末20世纪初，特别是1919年至1926年间，旧英租界工部局利用疏浚海河的淤泥填垫洼地与修建道路，按照当时英国流行的城市花园设计理念进行区域规划。20世纪20年代至30年代，旧英租界工部局所建各式建筑达2 000多座。五大道之所以驰名海内外，是因为其拥有风格各异的欧陆风情小洋楼，包括体现欧洲不同历史时期建筑风格的花园式和公寓式楼房。各种风格的建筑汇集于此，五大道堪称“万国建筑博览会”。

在20世纪20年代至30年代，五大道上的这些小洋楼成为民国时期下野政客的避风港。这里不仅留下了一座庆王府和徐世昌、曹锟两任民国总统的足迹，还有顾维钧、潘复等七任国务总理以及百余位总长、督军等军政要员的故居。此外，著名教育家张伯苓、著名医学家金显宅、朱宪彝以及美国前总统胡佛、美国五星上将马歇尔、英国奥运冠军李爱悦等国内外知名人士的旧居也坐落于此，这里成为中国近现代百年历史的见证，是宝贵的历史文化遗存，因其独特的历史价值而显得尤为珍贵。

为加强五大道历史文化街区的保护和传承，我们将列为国家级文物保护单位的“五大道近代建筑群”和“天津工商学院旧址、北疆博物院旧址”等40余处文物建筑编印成册，通过介绍这些建筑中曾经居住的近现代历史名人和发生的近现代历史事件，使公众能够更加深入地了解五大道的近现代历史文化，进一步体会“近代中国看天津”的深刻内涵。

五大道上的铜马车

目录

今日天津五大道

睦南道
马场道
大理道

天津五大道小洋楼——马场道记忆 (1928年)

-STYLE BUILDINGS

载振与天津庆王府

庆王府始建于1922年，原为清末太监大总管小德张亲自设计、督建的私宅，在原天津英租界列为华人楼房之冠。1925年，原清室第四代庆亲王载振购得此楼并举家入住，因而得名“庆王府”。

载振，庆亲王奕劻之子。1917年，奕劻病故，中华民国大总统黎元洪根据《清室优待条件》，遵循“清王公世爵概如其旧”的规定，下令宣布“以伊长子载振承袭世袭罔替”。这样载振就成为名副其实的末代“庆亲王”。载振的仕途一开始还比较顺利。1901年，载振被加封贝子爵位，人称“振贝子”。此后，他历任镶蓝旗汉军都统、御前大臣、正红旗总旗长等职。1902年，在其父奕劻任外务部总理大臣时，载振作为专使大臣，参加英皇加冕典礼，并访问法、比、美、日等国。载振将此次出访的经历详细记录在《英日记》一书中，书中记载了其出访期间各国的外交礼节和参加各种活动的情形，还涵盖各国政治、学术、律令、典章、商务、学校、议院、工艺等内容。回国后，他受到慈禧太后的召见，向其汇报了发展商务的迫切性，

爱新觉罗·载振（1876—1947年），字育周，爱新觉罗氏，满洲镶蓝旗人，是乾隆皇帝的玄孙、清末权臣庆亲王奕劻的长子，也是末代庆亲王

庆王府内精选的室内陈设——十分考究的西式花瓶

奕劻（1838—1917年），满族，爱新觉罗氏，是中国清末大臣。清光绪二十年（1894年）慈禧太后六十大寿时，特下旨晋封庆郡王奕劻为和硕庆亲王。光绪三十四年（1908年）十一月，奉懿旨以和硕庆亲王爵世袭罔替。宣统三年（1911年）四月设立内阁，命奕劻为内阁总理大臣。十二月，宣统皇帝溥仪退位，至此结束了大清王朝的历史。随后，奕劻迁往天津居住。

奕劻（1838—1917年）
载振生父“和硕庆亲王”

清光绪二十年（1894年）慈禧太后六十大寿时，晋封庆郡王奕劻为庆亲王并颁赐此鎏金银玺。印文为满汉合文“和硕庆亲王宝”（天津博物馆收藏）

载振曾代表清朝出使英王爱德华七世加冕典礼，并访问西方国家

载振被清廷寄予了很高的希望。他13岁时被赏头品顶戴，18岁时晋封二等镇国将军，25岁时晋封为贝子。那些年，清廷正在积极推动新政，急需从年轻的亲贵中培养人才。载振正是这样的一名人才。为了锻炼载振的办事能力，开阔他的眼界，1902年，慈禧太后命他担任出使英王爱德华七世加冕典礼专使，并访问了法国、比利时、美国、日本。1903年，载振率领一支考察队，第二次奔赴日本，参加在大阪举行的第五届劝业博览会

建议成立商部。1903年，清政府发布振兴商业上谕，专门设立商部，载振出任第一任商部尚书。1906年，清政府改革官制，成立农工商部，他又出任农工商部大臣，当时年仅30岁。1907年，青年时期的载振由于卷入官场风波而辞去官职。此后，载振再也没有在朝廷任职。

宣统皇帝退位后，载振即携家眷避居天津，分别居住在德租界和英租界自置的宅院内。1925年，载振购得小德张的这所宅院后，随即携家眷迁居天津，住进了“庆王府”，开始了他的“寓公”生活。1947年冬，载振在庆王府病故，享年71岁。从1925年在此居住，直至1947年辞世，他在庆王府度过了22年的“寓公”生活。

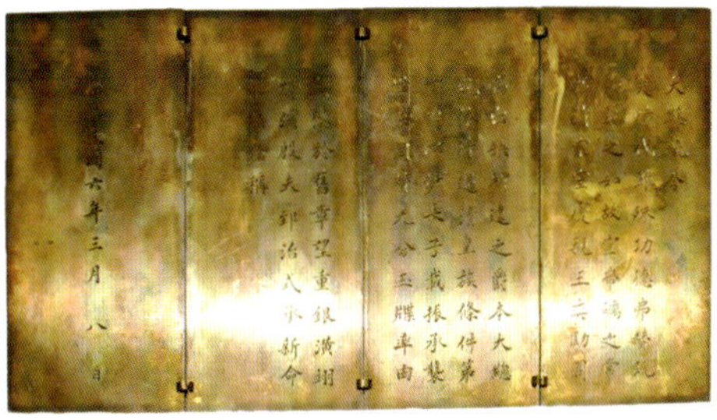

《载振承袭亲王爵金册》，民国六年（1917年）三月八日大总统黎元洪以优待清王室名义颁发。册文记录由奕劻长子载振承袭庆亲王待遇（现收藏于天津博物馆）

印有末代庆亲王载振头像的纸币

庆王府家具设计考究，做工精湛，其独特的构思、复杂的工艺彰显中西合璧的特色

“伴琴主人”张兰德

张兰德（1876—1957年），原名张祥斋，字云庭，天津静海县人。清朝末年皇室上层太监，宫号小德张，排辈兰字，序名张兰德，慈禧太后赐名“恒泰”。12岁的张兰德自宫其身，1891年入宫当太监。次年被派入宫内南府升平署戏班学京剧武小生。1909年，张兰德当上了清宫大总管。1912年，隆裕太后病逝，张兰德到天津做寓公，雅号“伴琴主人”。他亲自设计、营建自住的豪华私宅，成为当时英租界华人楼房之冠。1925年此楼被庆亲王载振看中购买并居住，小德张又几经迁居，最终选购在睦南道金林村4号小楼度过晚年。

◀▼ **庆王府**是20世纪20年代天津英租界地区典型的中西合璧建筑。该建筑为三层砖木结构（并设有地下室）内天井围合式建筑。整体建筑适应当时的西化生活，更结合了中国传统文化意象，是五大道洋楼之中西风东渐的典型建筑。中央置扇形石阶，高台基，首层、二层均设有回廊，其立面二层外采用类似爱奥尼克柱围成柱廊，栏杆用黄、绿、蓝三色相间的六棱琉璃柱构成。黄、绿、蓝三种御用之色更标榜了每根琉璃柱的皇家血统，这些琉璃柱皆由小德张当年从北京运载至津。院内东侧设置花园，建有假山、石桥、六角凉亭等，景致宜人幽雅。

▶ 通往庆王府大楼正门的宝塔形台阶。小德张在设计阶梯时将入户台阶建为十七级半，这是有含义的。因为皇家九五之尊，九、十八皆为皇帝御用，在此将最下层的台阶降半级，看似仍为十八阶，实则为十七级半，彰显了小德张的聪明。

庆王府前过厅

▼ 大门过厅屏风门上的三扇花窗。它们是用整株的植物、昆虫标本压到玻璃上，经过脱水风干后，再绘以矿物质颜料（藏传佛教中的唐卡也是用的这种矿物质颜料），看上去生动立体，久不褪色。

大门过厅第二道玻璃门顶部，有六块植入中国山水画图案的掐丝玻璃纱窗。这些纱窗当年在比利时定制，时至今日，此种工艺已经失传，这些掐丝玻璃的纱窗也成了孤品，成为庆王府的一绝。

► 庆王府内部彩色玻璃上的山水画是小德张亲自手绘后由工匠雕刻的，并刻有落款和小德张的雅号“壬戌仲秋伴琴主人”。载振购得此楼后，保留了这些刻有小德张雅号的彩色玻璃，足见他对小德张所建造的这座宅院的认可和喜爱。

▼ 此厅名为“契兰”，曾作为庆王府的大餐厅使用。载振虽然寓居天津，但依旧过着锦衣玉食的生活，在王府中只喝自家精心酿制的香白酒。这间大餐厅的天花板浮雕为百鸟朝凤图案，异常华贵精美。

▶ 一楼过厅通往二楼的楼梯间。

◀ 庆王府二楼回廊与中间的挑空大厅

▶ 第三层的八间房是供奉祖先的影堂。位于东西两侧房间的双面透雕楠木落地罩和垂楣罩，设计考究，做工精湛。其独特的构思、复杂的工艺彰显了中国的祈福文化，实属罕见，堪称瑰宝。

▶ 在对主楼二层载振三子溥铨的卧房、中庭回廊和楼梯顶部进行装修时，工匠们在剥离墙体的过程中，发现了底层珍贵的墙面彩绘。通过数十次的剔、擦和清洗，这些精美的艺术品得以局部保留。

庆王府一、二层大厅周围有列柱式回廊，四周为居室，各厅之间设有木雕隔段，顶棚有精美雕饰。当中为欧洲古典风格的开敞天井式大厅，厅内悬挂中式匾额和大条幅，地面为彩花磨石地面。

在五大道居住的爱国名将

关麟征（1905—1980年）

抗日名将关麟征

关麟征，陕西户县（今陕西省西安市鄠邑区）人。1924年考入黄埔军校第一期。1933年率部参加长城抗战。1937年抗日战争全面爆发，任第五十二军军长，参加台儿庄大战，重创敌军，取得台儿庄大捷，升任军团长。1939年任第十五集团军总司令。1947年任陆军军官学校校长。1949年任国民党陆军总司令。后移居香港。1980年8月1日于香港伊利莎白医院病逝，享年75岁。著有《关麟征回忆录》等。

关麟征一家

关麟征（前排左二）和昔日黄埔同僚们留影

张学铭平息“便衣队暴乱”

张学铭，字西卿，辽宁海城人，张学良之二弟，1931年任天津市市长兼公安局局长。1931年11月，日本侵略者为配合在东北地区建立伪满洲国的阴谋，在天津发动了武装暴乱，张学铭平息了这次“便衣队暴乱”。

张学铭（1908—1983年）

曾延毅在津助力隐蔽战线

曾延毅，字仲宣，湖北黄冈人，曾多年在傅作义将军部下任职。1938年，他因伤病回津治疗，从此脱离军职。在津居住期间，他做了许多有益于革命的工作。他曾暗中支持子女所在的耀华学校的地下党组织，并将秘密活动地点设在自己家里。他还利用自己的社会地位出面保释被捕的进步学生。在平津战役期间，他积极协助共产党做傅作义的工作，为北平和平解放做出了贡献。新中国成立后，曾延毅曾任天津市政协委员、天津市文史馆馆员。

曾延毅（1892—1965年）

“飞虎将军”高树勋

高树勋（1898—1972年）

高树勋，河北盐山县人，爱国将领。18岁只身进川，在冯玉祥部队当兵。他作战勇敢，屡建战功，后升至师长。1930年，高树勋的部队被收编为国民党第二十六军。当1931年他的部队被派到江西对红军进行围剿时，高树勋毅然脱离国民党部队，转赴天津，居住在英租界香港道的寓所。寓津期间，他受到进步思想的影响，和吉鸿昌等爱国将领组织抗日武装，驰骋于抗日战场，被群众誉为“飞虎将军”。抗战期间，他除掉大汉奸石友三，被世人称道。1945年10月30日，时任国民党第十一战区副司令长官的高树勋，率部队进行了震惊中外的“邯郸起义”，反对内战，主张和平，并由邓小平同志介绍，加入了中国共产党。新中国成立后，他当选为全国政协委员、国防委员会委员和河北省副省长。

民国时期的高树勋旧居

马占山打响抗日第一枪

马占山(1885—1950年)

坐落在长沙道上的马占山旧居

马占山，祖籍河北丰润，生于吉林怀德。马占山幼时家境贫寒，年轻时曾啸聚山林。26岁时投靠奉天统领吴俊升，后屡获升迁，1930年任黑龙江省黑河警备司令。1931年，马占山出任黑龙江省代理主席兼军事总指挥，在日军占领辽宁、吉林两省，进攻黑龙江省之际，在嫩江铁桥阻击日军。“江桥抗战”打响了“九一八事变”后抗日第一枪。1932年刚出任伪满洲国军政部长的马占山带亲信抵黑河，再次高举抗日旗帜，在白山黑水浴血苦战，年底退至苏境。后辗转来到上海，蒋介石对其抗日要求置之不理。马占山遂于1934年至1937年到天津寓居。

抗日英雄孙桐萱

孙桐萱，字荫亭，河北交河人，西北军将领。早年入冯玉祥部当兵，抗日战争期间，任国民党第三集团军总司令，曾参加台儿庄战役。后投资东亚毛呢纺织有限公司和经营房地产。

孙桐萱旧居

孙桐萱（1895—1978年）

▼ **关麟征旧居**坐落在和平区长沙路97号。建筑为砖木结构，有主楼、附楼各一幢。建筑面积为 390 平方米，主楼为三层，外檐作硫缸砖清水墙，局部作抹灰饰面，三层外檐为疙瘩砖饰面。长方形主入口上筑雨厦。入口左部为半圆形塔楼，造型别具一格。附楼为红砖清水墙。主楼和附楼之间有平台相连接。院内有草坪、花坛和鱼池。建筑整体是一座具有英式风格的庭院式住宅。

▶ 关麟征旧居一楼前厅。

◀ **曾延毅旧居**坐落在和平区常德道1号。该建筑为三层砖木结构，建筑面积为1 344平方米。建筑采用红砖清水外墙，设有方门窗，门厅由水泥柱支撑，上筑半圆形阳台，设金属护栏，门前为扇形石阶。立面中部外凸，顶层为红瓦坡屋顶，自成院落。

▶ **高树勋旧居**坐落在睦南道141号，是一幢英庭院式三层楼房，建筑面积为641平方米。楼东侧中间立面为“凸”形半圆形玻璃窗。建筑采用清水砖墙与暗红瓦顶，设有木质阳台。院落宽阔，浓荫蔽日，花草繁密。该宅共有房间29间，楼内装修考究，附设的英式壁炉、楼梯栏杆独具特色。

抗日名将张自忠

张自忠（1891—1940年）

张自忠，字荩忱，山东临清人。生于光绪十七年（1891年），著名抗日将领，民族英雄。宣统三年（1911年）考入天津法政学堂，1914年从军，曾先后任西北军团、旅、师长，开封军官学校校长。“九一八事变”后，日军侵犯长城，二十九军奋起抵抗，张自忠率三十八师在喜峰口、罗文峪大败日军。“七七事变”后，张自忠又化装出走后方，任五十九军军长，在临沂、台儿庄战役中功勋卓著，后升为三十三集团军司令，转战鄂西、豫南等地。1940年5月，在湖北宜城、襄河一线截击日军主力，身陷重围，壮烈牺牲，后被追授为陆军二级上将。

天津市長
張自忠

为纪念张自忠将军，北京、天津、上海、武汉都有以“张自忠”命名的道路。天津的“张自忠路”在天津市区中部，沿海河西岸，跨红桥区、南开区、和平区三区，西北起红桥区大胡同，东南至和平区营口道，与台儿庄路相通。

天津张自忠路的定名除了为纪念这位抗日将领，还有一点就是张自忠将军曾任天津市市长。

1936年6月，张自忠卸去察哈尔省主席职，调任天津市市长。张自忠深知，天

张自忠（前排左二）与外国友人

张自忠(中排坐者右一)一家合影

30

张自忠（右二）与戏剧大师梅兰芳（右三）

津的情况比察哈尔省更加复杂，所以曾向宋哲元坚辞不就，但宋意已决，张自忠只好赴津履新。

张自忠的信条是不干则已，干就干好。一上任，他就不辞辛苦，展开了广泛的调查研究，听取各方意见，在此基础上对天津市的吏治、工商财政、文化教育、社会福利和社会治安等各项事业进行了大刀阔斧的整顿，取得了显著成效。

那时，驻天津的日本军队咄咄逼人，到处寻衅，制造祸端。张自忠到津后，以维护国家权益为原则，胸怀正气，毫不妥协。1937年5月，英国驻天津总领事馆为庆祝英皇加冕而举行宴会，招待各国宾客。天津日本驻军司令田代皖一郎到场后坚持要当“最高来宾”。张自忠闻讯后对英国领事表示，英租界在天津，是中国领土，日本军官岂能喧宾夺主。如果以田代皖一郎为最高来宾，中国将退出宴会。英国领事只得请张自忠坐贵宾首席。在驻津各国来宾之前，张自忠打击了日本人的气焰，维护了国家的尊严。

今天，在天津海河西岸张自忠路与泰安道交口处，巍然屹立着张自忠将军的塑像，寄托着天津人民的深切怀念与崇高敬意。

屹立在天津海河之滨的张自忠塑像

张自忠（右一）任天津市市长时视察保安队

天津海河西岸的张自忠路

◀ **张自忠旧居**坐落在和平区成都道60号。该建筑为砖木结构的二层楼房，建筑面积为1 999 平方米。外檐中部由方柱支撑，形成上、下两层内廊，设金属护栏。首层两翼外凸，呈多边形，上筑阳台。顶层为平屋顶，后檐设过桥与后楼相接。建筑立面处理遵循现代简约风格，采用天津地方材料，造型朴实无华。

▶ 张自忠旧居内景。

著名实业家李烛尘

李烛尘（1882—1968年）

李烛尘，字承竹，湖南永顺县毛坝乡人，著名实业家、民族化学工业的开拓者。天津市工商联合民主建国会的创始人。1918年7月，李烛尘从日本东京工业学校（今东京工业大学）毕业后，怀着“实业救国”和“科学救国”的理想回国。此时他遇到了范旭东，李烛尘被范旭东的见识所折服。从1919年到1925年，李烛尘、范旭东等人不断努力，先后创建了永利碱厂、久大精盐、黄海化学社等企业，组成了“永、久、黄”化工集团。永利碱厂生产的纯碱行销国内外，打破了英国财团在中国市场上的垄断。

宋棐卿创立的“抵羊牌”

宋棐卿（1898—1955年）

抵羊牌毛线品牌创立者宋棐卿

宋棐卿，名显忱，山东益都人。著名实业家，曾就读于燕京大学，后留学美国学习商业，曾赴欧洲考察。1927年回国后，宋棐卿协助其父接办天津德昌贸易公司，任经理，从事地毯、土特产、汽车、呢绒等进出口生意。1932年，宋棐卿在意租界创办天津东亚毛呢纺织有限公司，任总经理。生产的毛线以一语双关的“抵羊牌”命名，行销国内外，成为精英风格的民族商业品牌。

五大道居住的实业、金融界名人

张福运与林鸿赉旧居

林鸿赉夫妇

常德道2号的林鸿赉旧居原本是民国政府海关总署署长、税务总署署长张福运的私宅。该建筑于1935年建造完毕，天津日占时期，曾被日本人占用。1946年，该房产的房主更名为张福运的妻子李国秦（李鸿章的孙女）。1947年，张福运和李国秦赴香港定居前，将该建筑的房地契交予好友林鸿赉并办理了过户赠予手续，所以产权证上更换成林鸿赉的名字，但林鸿赉当时已经在大理道42号购置了自己的房产，因此林鸿赉并未在此居住过。

林鸿赉（1900—1981年），字庶希，浙江宁波人，曾就读于天津新学书院。毕业后考入清华大学经济系。1920年留学美国，后分配至国民党政府财政部关务署任科长，1940年出任天津中国银行副经理,1941年升任经理。

张福运（1890—1983年）

李叔福（左起第二人）参加回力球比赛留影

“李善人”后代李叔福

李叔福（1882—1955年），天津人，“天津八大家”之一“李善人”的后代。20世纪20年代曾任长芦纲总、天津殖业银行经理。

汇丰银行买办吴懋鼎

吴懋鼎（1850—1928年）

吴懋鼎，字调卿，又名荫伯，江西婺源县人。是中国近代史上一位亦官亦商的重要人物。吴懋鼎是天津四大买办之一，曾担任汇丰银行天津分行首席买办。并兼任关内外铁路总局督办和西南交通大学的首任校长。吴调卿在天津投资兴办了多家新式企业，包括天津硝皮厂，天津织呢厂，火柴厂等。1886年创办天津华昌火柴公司，1917年该公司与北平丹凤火柴厂合并，成立天津丹华火柴公司，该公司是当时全国最大的火柴公司。

天津耀华学校校长金邦平

金邦平（1881—1946年）

金邦平，又名金伯平，安徽黟县人。曾任清政府翰林院检讨、直隶总督袁世凯的文案、北洋常备军督处参议等职。1906年，清政府成立天津自治局，其任督理。不久迁任资政院秘书长、中国银行筹备处总办、政事堂参议、北洋政府农商部总长。1927年辞任后移居天津，其间主要致力于实业活动，曾任天津启新洋灰公司经理。1938年任耀华学校校长。

谈荔孙在天津创办大陆银行

谈荔孙，字丹崖，祖籍江苏无锡，生于江苏淮安，少时入江南高等学堂读书。后进入日本东京高等商业学校(今日本东京商科大学)学习银行经济，毕业后到日本银行实习。回国后经清政府廷试考取商科举人。大清银行成立，谈荔孙调任该行任稽核。1912年4月，北京筹设中国银行，谈荔孙升任会计课主任，后转任国库局局长。1915年任南京分行行长。1918年调任北京中国银行行长。后在冯国璋的支持下，于1919年创办天津大陆银行，任董事长兼总经理。

谈荔孙（1880—1933年）

买办雍剑秋

雍剑秋，江苏高邮人。1900年庚子事变时曾任“救济北方难民慈善团”翻译，后任德商礼和洋行买办，经销克虏伯军火，遂成巨富。晚年曾从事慈善事业。

雍建秋（1875—1948年）

▼ **李叔福旧居**坐落在和平区睦南道28号，实际为李叔福之父李赞臣的住所。该建筑为混合结构，三层西式楼房带地下室，建筑面积为1 427平方米。建筑形体中间突出，两翼对称，屋顶形式为平屋顶，四周出檐，正面主入口处为三联拱券式洞门，并刻有雕花，上部二、三楼之间立四根高大花饰圆柱支撑挑檐，构成大型柱廊。楼房整体匀称，风格古朴庄重。

▶ 二层四根高大的罗马柱(李叔福旧居)。

大楼正立面大门上方由三联拱券构成三个拱形大门(李叔福旧居)

◀ 一楼大厅（李叔福旧居）。
▼ 楼梯间（李叔福旧居）。

◀ 楼梯间（李叔福旧居）。

▼▶ 二楼楼道与办公室（李叔福旧居）。

▼ **李氏旧居**坐落在和平区河北路239号。该建筑由著名建筑师齐玉舒设计。建筑为砖混结构，主体二层，局部三层的西式楼房，建筑面积为2 496平方米。首层入口由石柱支撑，形成门廊，右侧上方筑长方形平台，上置金属护栏。二层开一列平窗，檐下转角处设阳台，其上筑半圆雨厦。外檐采用水泥饰面，屋顶形状为坡屋顶，顶部开有多处天窗。该建筑是原英租界内一处环境优雅的高级花园别墅。

李氏旧居由原英商仁记洋行天津分行买办李吉甫之子李淮生、李警予于1937年建造。李吉甫与其家族在天津买办中具有显著地位，曾被誉为“仁记李”。

▶ 秋色(李氏旧居)。

◀ 李氏旧居西面的走廊和入口大门。
▼ 李氏旧居中厅 。

▼ **金邦平旧居**坐落在和平区重庆道114号。该楼建筑面积1 134平方米，为砖木结构，主体二层，局部三层，带有阁楼，屋顶风格为法国孟莎式。建筑整体呈不对称构图，形体富于变化，色彩搭配协调。外立面为清水砖墙与白色墙面，红瓦坡屋顶上设天窗。主入口东侧局部外凸，上撑白色折线形阳台。

▶ 金邦平旧居入口大厅和楼梯间 。

◀ **达文士旧居（达文士楼）**坐落在马场道121号，是一所具有西班牙风格的小楼，该楼为砖木结构，外墙为浅黄色水泥砂浆疙瘩墙面，瓦垄铁房顶，异型山墙，一、二层之间有水泥雨檐腰线。全楼以长方窗为主，由部分圆窗进行点缀，方、圆形成对比，严谨而不失活泼、精巧。一层有客厅、饭厅、备餐室、厨房和卫生间。二层有卧室、书房和卫生间。该楼的门窗颇有特色，如楼道门为实木门，稳重厚实，上有欧洲古典式木雕图案。窗式木格也很精巧，体现了欧洲古典风格。壁炉上方、楼梯栏杆柱头及外墙面明显处均有外文图案的族徽，族徽形状是一个欧洲中世纪古老的盾牌，中间部分由"T"和"F"两个变形外文字母组合而成。这是欧洲望族独有的标志。

达文士楼最早是一名德国武官的寓所。德国武官在回国之前，把小楼卖给了英国人汤姆斯·达文士。达文士是英租界达文波道（今建设路）一家洋行的老板，主要经营毛皮生意。汤姆斯·达文士在民国三十六年（1947年）去世，他的夫人把小楼卖给了一位白俄罗斯籍牙医，自己带着孩子回了英国。达文士楼是天津五大道地区最早的建筑，见证了天津近代史的发展，具有丰富的文化内涵和历史研究价值。

▼ **訾玉甫旧居**坐落在和平区大理道37号。该建筑为砖混结构，主体二层，总建筑面积1 140平方米。建筑呈"L"形布局，屋顶形式为多坡红瓦顶，上设曲线优美的阁楼和天窗。外墙为红砖清水墙面，设有白色线脚。楼前、后的高台阶入口处，分别以圆形和方形立柱各撑一条状和弧形阳台，形成敞开式门厅前廊。整栋建筑逐层收分，错落有致。

訾玉甫，原名訾钰甫，其家族背景深厚，祖父訾雨亭是永发顺木行的创始人，并在民国三十二年成为华美实业股份有限公司的五位董事之一，显示了其在天津商界的显赫地位。訾玉甫与家族其他成员共同经营永发顺木行，訾玉甫为永发顺木行经理。该木行在天津木材行业中享有盛名，并与德和木号、太和生木行、常安木厂、广聚永木行并称为天津木材行业的"五大家"。

◀ **吴颂平旧居**坐落在和平区昆明路117号。该建筑为砖木结构，二层楼房，平面呈“八”字形，外檐用缸砖砌筑，入口位于夹角处，开拱券形洞门。左侧山墙面设条状阳台，右部末端筑方形平台，顶部为高举架陡坡顶。

吴颂平（1882—1966年），名熙忠，父亲吴懋鼎是天津四大买办之一，曾担任汇丰银行天津分行买办长达25年之久。吴调卿在天津投资兴办了多家企业，积累了庞大的家产。吴颂平是吴懋鼎的长子，出生于天津，毕业于北洋巡警学堂，先后任乾清门御前侍卫、京绥铁路局警务处处长等职，后赴美国留学，回国后，主要从事经商和社会活动，曾任英商赛马会名誉董事、日资企业大华煤油公司常务董事等职务。

吴颂平酷爱收藏古代的铜炉和铜镜，对宣德炉的研究和鉴赏有着独到的见解。1990年，他的家人将他生前收藏的198件文物精品全部捐给天津博物馆。

▼ 吴颂平旧居大楼奠基石。该楼为海天屋主人吴颂平自行设计，经奥地利工程师、国家建筑鉴定议员盖苓鉴定，1934年由泰兴厂营建。该建筑内部装修豪华，庭院内布置有喷泉和凉亭，环境幽雅。图为建筑下方镶嵌的建筑奠基石。

◀ 吴颂平旧居入口门。
▶▼ 吴颂平旧居客厅。

60

◀ **雍剑秋旧居**坐落在和平区马场道60~62号。该建筑为砖木结构，三层楼房，是折中主义风格建筑，建筑面积为1 728平方米。外檐通体采用水泥饰面，屋顶形式为筒瓦坡顶，设有挑檐。首层入口为长方形洞门，二层腰线两侧各有一阳台，设有水泥花饰护栏。山墙左右各突出一方形角楼，下开旁门。正立面采用西方古典建筑构图方式，构图严整对称，比例协调，线脚细腻，整体性强。三层中部内收，层次感强。

▼ **卞氏旧居**是天津八大家之一“卞家”的后代卞肇新（卞俶成）等人的住宅，卞肇新曾任中央银行天津分行经理，并投资工商业。卞氏家族，天津人俗称为“乡祠卞家”，经营“隆顺号”“隆顺榕”等实业，生意涉及多个领域，包括医药、海货店、植物油厂等，其家族名声显赫。

卞氏旧居坐落在和平区睦南道79号。该建筑为砖木结构的四层楼房，建筑面积为3 600平方米，采用缸砖清水墙，屋顶形式为坡瓦顶。外檐为锁头式，立面两侧前凸，上为方形阳台。二层中部筑有一半圆形曲线阳台，阳台正门两侧有绞绳式立柱装饰。建筑色调朴素、庄重。

◀ **安乐邨公寓楼**坐落在和平区马场道98~110号，原为英国教会首善堂所建。公寓楼共有3栋建筑，呈“品”字形布局。建筑为砖木结构的四层西式公寓，总建筑面积为10 525平方米。首层的高台阶券洞门，上筑铁护栏阳台，二层为“一”字形连券门，局部为敞开式过廊。建筑采用红砖墙与红瓦坡顶，周边出檐，里弄亦规划入建筑群内，构成封闭式小区。

▼ **李烛尘旧居**坐落在和平区马场道102号的安乐邨公寓楼。入口采用规则的波浪状曲线和反曲线的形式，赋予建筑动感。这一设计理念是巴洛克艺术最显著的特征之一。入口处弧形的拱券和浮雕充分体现了巴洛克建筑风格。

▼ **孙季鲁旧居**坐落在和平区郑州道20号，建于1939年，由雍惠民设计、监造。建筑为三层砖混楼房，建筑面积为210平方米。平面呈“T”形布局。夹角部为弧形平顶三层塔楼，一层、二层为阳台式门厅，三层镶弧形玻璃窗。临街面二层亦筑弧形阳台，其上筑弧形雨厦与之对应，外立面方、圆结合，均为硫缸砖墙体。内檐装修精致，走廊施彩色水磨石地面，客厅、居室镶菲律宾“人”字形地板，天花板堆做花饰。建筑整体小巧玲珑，做工精细，是天津市内别具一格的现代风格小洋楼。

孙季鲁（1878—1950年），原籍绍兴，生于天津，原天津裕蓟盐务公司经理。孙季鲁与好友苏锡麟共同经营实业。民国十六年（1927年）组成全面经营的盐业公司，苏锡麟为总经理，孙季鲁任业务经理，并在唐山、滦县、昌黎、秦皇岛设四个盐厂，又在汉沽设营业所，负责打包、托运分发等事务。孙季鲁和苏锡麟还共同投资经营其他三家公司。第一家是思勤植物油厂，第二家是福星面粉公司，当时被称为“面粉大王”。第三家是位于原大沽路上的“鸿福楼”饭店。

▼ 孙季鲁旧居楼道木质护墙板与穿衣镜。

▼ ▶ **孙季鲁旧居**室内采用水磨石地面，设计充满现代感，楼梯扶手采用动感的弧线设计，既时尚又独具个性，在五大道众多洋楼装饰设计中别具一格。

李勉之兄妹旧居

李氏兄妹旧居（李勉之、李进之、李允之、李慎之）

20世纪初，李勉之兄妹的父亲李希明，在华北地区已是颇具名气的实业家，除与原北洋政府财政总长周学熙创办启新洋灰公司并任总经理外，还在开滦矿务局、唐山华新纺织厂、秦皇岛耀华玻璃公司等企业投入了大量的资金。其“实业救国”的思想对李勉之、李慎之影响甚深。

1923年，李勉之从德国亚美机械厂进修回国后，即协助其父办理家务及文书事务。1932年，李勉之作为长子，在其父因病去世后，承担起管理家庭投资的重任，并相继投资中国银行、中兴煤矿、北京三星铅笔厂、南京及天津的砖窑等。1933年，他与人合资在天津开办了中天电机厂。1937年，李勉之在天津的英租界香港路（今睦南道）购地，聘请奥地利设计师盖苓设计并督建了四栋具有欧式古典风格的花园别墅。每栋别墅地下一层、地上三层，建筑面积约1 000平方米，院内面积1 000平方米。至1948年，李勉之、李允之、李进之、李慎之兄妹陆续从唐山迁至睦南道新建的别墅居住。

李勉之旧居明信片

▼ 小楼秋色（李勉之兄妹旧居）。

▶ 李勉之兄妹旧居鸟瞰。

▼ **李勉之旧居**坐落在和平区睦南道74号。该建筑由奥地利设计师盖苓设计，1937年建成。建筑为砖木结构的二层别墅式楼房，共四栋，每栋的建筑风格保持一致，外檐砌花岗石基础，采用硫缸砖作为墙体材料，采用卵石混水罩面。入口处设有券洞门。屋顶设计为坡平结合，设有屋顶平台。

▶ 华丽的楼梯间（李勉之旧居）。

◀ 二楼中厅和寝室（李勉之旧居）。
◀ 二楼楼梯间（李勉之旧居）。

▼ 一楼客厅（李勉之旧居）。

一楼中餐厅（李勉之旧居）

林鸿赉旧居坐落在和平区常德道2号。该建筑建于1935年，为英国别墅式住宅楼房，占地面积3300平方米，楼房建筑面积1238平方米，另有平房59平方米。主体建筑为砖木结构，设有半地下室二层楼房，屋顶为“人”字形屋架，墙体采用红缸砖清水墙面，屋顶设计为多坡出檐屋顶，配以硬木材质的平开窗。楼体前立面中部前凸，两翼稍作退线。入口两侧配以圆柱，其上虚设大跨度券式门楣，经石阶进拱形门厅。

maxim's
maxim's

▼ 林鸿赉旧居入户拱形门厅。

▶ 林鸿赉旧居一楼大厅，大理石雕刻的壁柱与梁。

▶ 豪华的楼梯间（林鸿赉旧居）。

▼ 林鸿赉旧居一楼大厅，墙面采用新艺术风格的装饰，与地面摆放的挂衣架相呼应。

▼ 新艺术风格装饰的吧台充满古典与浪漫（林鸿赉旧居）。

16

充满西洋古典与浪漫气息的大厅装饰（林鸿赉旧居）

孙家鼐与孙氏旧居

孙氏旧居的主人不是一个人，而是一个家族。这个家族的辉煌源自孙家鼐，他是咸丰九年的状元、中国近代史上著名的政治家，曾担任过光绪皇帝的老师，人称“三代帝师，一朝名相”，也是京师大学堂（今北京大学）的创办人。他官至高位，为其子孙开辟了优越的道路。

孙家鼐有六子，其中长子孙多鑫、次子孙多森和幼子孙多钰，均在天津走上了搞实业、办洋务的道路，为北洋实业做出了贡献。他们用心经营工厂，成为“面粉大王”，继而涉足金融界，实现了从官宦家族向实业家族的转变。1912年12月，孙多森任中国银行总裁。1916年，孙多森在天津创办中孚银行总行。孙多森去世后，由孙多钰继任中孚银行总经理兼通惠公司总裁。中孚银行后改名为中孚商业银行，孙多钰任董事长。新中国成立后，1952年底，中孚银行加入了公私合营银行，结束了三十多年的经营之路。

中孚银行大楼旧址，后改为中国银行天津分行

孙氏旧居（润园）

在大理道上，靠近云南路口，坐落着两个毗邻院落：和平宾馆和润园。这两座建筑风格迥异，靠东的楼为英格兰庭院式建筑，靠西的楼为西班牙乡村别墅式建筑。门口的石牌均刻有“孙氏旧宅”字样。建筑里住着孙氏两代人，叔伯孙多钰居住在东楼，侄子孙震方居住在西楼（润园）。

孙震方父亲孙多森是孙氏实业创业人之一，中年不幸去世，孙震方作为长子继承了很多家族遗产。16岁去美国，未入大学即回国。在1900年前后，随着洋务运动的浪潮在中国兴起，孙震方在异国的生活经历，深刻地影响了他的思想观念和生活习惯。润园就是按照他的意愿设计的西班牙式建筑。整座建筑的规模并不算大，但楼内楼外的每个细节都极精致讲究，处处彰显贵族风范。

润园西楼南面

大理道66号的“润园”建于1931年，占地面积为3 431平方米，建筑面积为1 917平方米。该楼为孙震方

院内水井

润园西门

位于院内西侧的游泳池，设计精巧，镶有黑白瓷砖，出水口为兽头。在院落的西南角设有一个高台，作为休息望远之地。

润园

出资兴建的豪华住宅，采用砖木结构，局部三层，屋顶形式为坡顶，外檐为白色水泥墙面。入口处采用花岗岩台阶，配以造型各异的门窗，具有西班牙建筑风格。室内全为硬木装饰，院内原设有游泳池、草坪、藤萝架和欧式花坛，楼房四周种植各种花草树木，建筑整体是一座欧式庭院式高级别墅。中华人民共和国成立后，毛主席、周总理等国家领导人来津视察时曾下榻于此。

毛主席、周总理等国家领导人来津视察时曾下榻于此

孙氏旧居（润园）全貌

润园北大门

休闲长廊甬道顶部设有藤萝花架

花园

孙氏旧宅

◀ 孙氏旧居（润园）。

▶ 孙氏旧居一楼壁炉和走廊。

▼ 孙氏旧居一楼餐厅。

卞白眉与卞万年旧居

卞万年与家人的合影（后排为兄弟6 人，右二 为卞万年，在兄弟中排行老四，前排右一为其父卞白眉，前排中间为其母李国锦，李鸿章之侄孙女）

卞万年（1904—1992年）

卞万年，恩光医院的首任院长，精通内科、心脏科，是著名银行家卞白眉四子。

卞万年曾就读于天津新学书院，1931年毕业于北平协和医学院后留校任教。1941年协和医院因战争原因关闭后，卞万年召集金显宅、卞学鉴、施锡恩、林崧、林必锦、关颂凯等人，到天津加入了陈善理的恩光医院。后因陈善理不愿接着办医院，几位名医每人出资5 000元将医院买下，卞万年任院长。因为有了名医加入，恩光医院声名鹊起。卞万年后赴香港，移居美国，在美国继续从事医务工作。

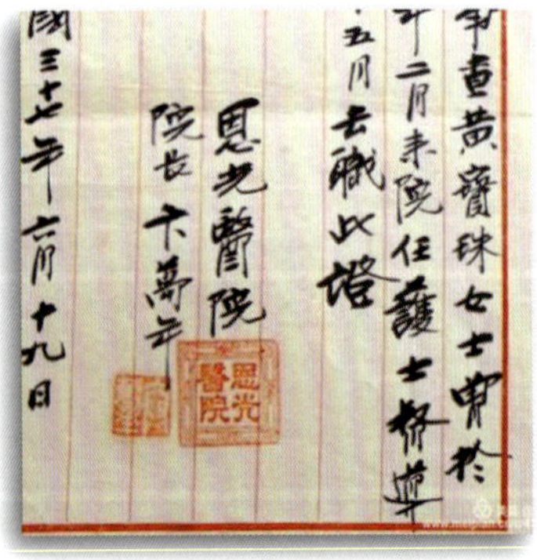

兹查黄寶珠女士曾於
卅二年二月来院任護士職
卅五年五月去職此證
恩光醫院
院長 卞萬年
民國三十七年六月十九日

1948年6月，卞万年作为恩光医院院长亲笔签名的医院证明函

没有确切的资料显示卞万年何时离开了天津。有据可查的是卞白眉于1938年到达香港并仍负责天津分行的工作。他在1947年的日记中曾记录“至四儿新宅小坐”，此为当时卞万年已经到了香港的证明。

卞万年旧居位于云南路57号，该宅建于1937年，主体建筑为砖木结构二层楼房，属英格兰乡村别墅建筑风格，建筑面积为889平方米。整幢建筑坐东朝西，立面为三层“人”字形组合造型，顶部为人字形大坡瓦顶，层次分明，错落有致。室内设置菲律宾木地板、木楼梯、三槽窗，内装修十分考究，设施完善。该址院落宽敞，遍植花草，景色优美，环境幽静。

该别墅东抵桂林路，南临马场道，西沿云南路，北临睦南道。建筑为砖木结构的欧洲风格二层别墅，采用砖墙体，立面为“人”字组合造型，层次分明，“人”字大坡度瓦顶，平面布局错落有序，门窗造型方、圆各异，建筑小巧别致，风格独特，建筑保存完好。

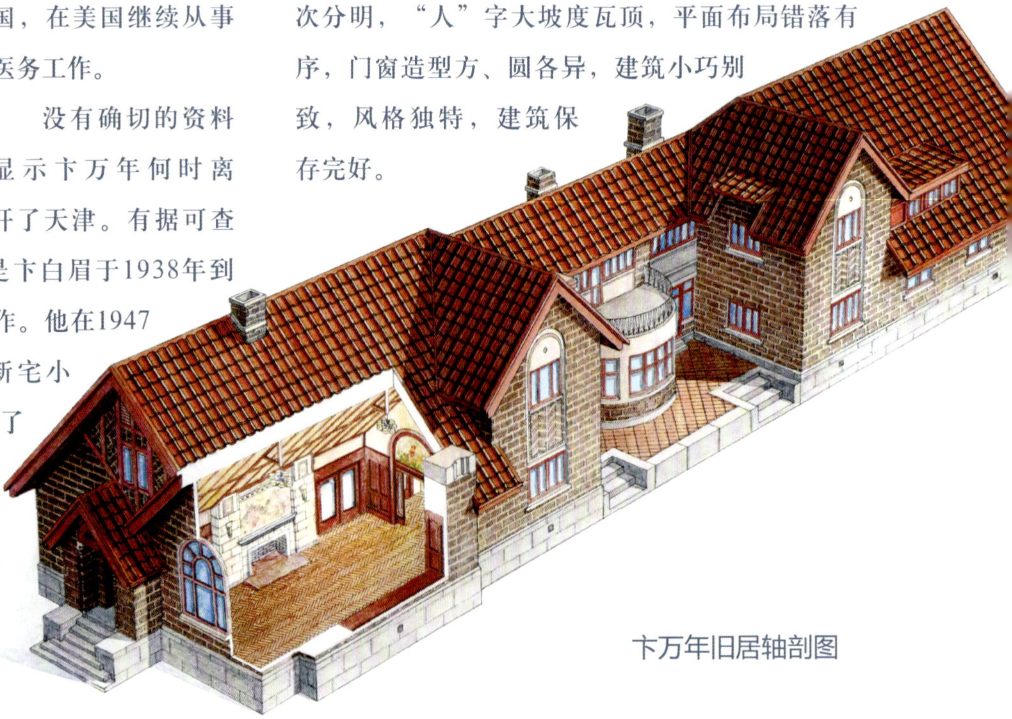

卞万年旧居轴剖图

银行家笔下的近代中国

卞白眉（1884—1968年）

卞白眉，名寿孙，生于武昌。其父亲和祖父均从事洋务，注重子弟传统教育，同时也崇尚西学，府内设有洋书房。1906年，卞白眉赴美布朗大学攻读政治经济学，获哲学学士学位。1913年回国后在刚刚成立的中国银行工作，从此步入了中国金融界。1918年起主持中国银行天津分行的工作。1943年，卞白眉出任中国银行副总经理，1948年他随中国银行总行到香港工作。1951年定居美国。

卞白眉的夫人是李鸿章的侄孙女李国锦。他的六个儿子中有四人成为科学家，一人成为银行家，四子卞万年是著名的内科、心脏病专家，在医学界享有声望。

卞白眉有记日记的习惯，自1914年至1968年，除中间有七年因故中断外，他始终坚持记录工作和生活中的重要事件。他撰写的近280万字的巨著《卞白眉日记》，详细记载了那个时代形形色色的社会现象，也给后人留下了一笔非常宝贵的文化遗产。这部书历来受到同行和史学家的高度评价，成为研究民国金融业发展及社会生活的重要文献。

由天津古籍出版社出版的《卞白眉日记》

为卞万年旧居绘制的明信片

◀ 雨后傍晚的卞万年旧居。

▼ 卞万年旧居侧面小院。

▼ 卞万年旧居内景。

▶ 卞万年旧居会客室。

周氏家族与天津

两广总督、晚清洋务运动重要执行者周馥

周馥（1837—1921年）

周馥，字玉山，号兰溪，谥悫慎，安徽至德（今安徽东至）人。周馥初为李鸿章文牍，协其兴办洋务三十余载，在北洋海军、武备学堂、天津电报局及开平煤矿创办过程中均有作为，是后期洋务运动实际上的“操盘手”，而且助开复旦公学（复旦大学前身）与安徽公学，有功于教育。周馥长子周学海是一名颇有声望的医学家。在周学海的5个儿子中，长子周今觉是著名数学家和邮票大王；三子周叔弢知名度最高，既是著名实业家，又是一代藏书大家，曾任全国政协副主席、天津市副市长等。周今觉的长子周震良，既是收藏家，又是山东工学院电机系教授；次子周煦良是著名文学翻译家、上海华东师大外语系主任，一生中创作了大量优秀的作品；三子周炜良是著名华裔数学家。周叔弢有十个子女，其中八人是高等学府的知名教授；除长子周一良外，次子周珏良是著名翻译家，北京外国语大学教授；三子周艮良是建筑设计专家；四子周杲良是美国斯坦福大学医学院神经学系教授；五子周以良历任东北林学院教授、林学系主任、副院长，森林植物研究所所长，国家重点学科植物学科带头人；六子周治良曾任北京亚运会工程总建筑师；七子周景良是中国科学院地质研究所研究员，曾任北京地质学会分析测试委员会主任；次女周与良是南开大学生物学系教授、微生物学家（丈夫

坐落在泰安道上的周学辉家大楼

1918年，周馥家族全家福，摄于天津周学辉住宅。二排坐者左起为周馥之子周学辉、周学渊、周学熙，中间白须长者为周馥。后排立者为周馥的孙辈周叔弢、周叔迦、周明泰等，以及各房夫人等

为著名诗人穆旦）。

周馥的四子周学熙则是大名鼎鼎的北方民族工业奠基人。周学熙的长子周明泰（字志辅），集实业家和收藏大家于一身，人称“戏单大王”，酷爱戏曲，专门研究中国戏曲史。他熟悉梨园掌故，广泛搜集戏曲史图籍，其中颇多精品，并常与著名京剧演员交往，成为中国戏剧史专家。三子周叔迦，著名佛学家，先后任教于北京大学、清华大学等。1940年，周叔迦在北京瑞应寺开办中国佛学院，自认院长。周叔迦的长子周绍良是著名红学家、敦煌学家、文物收藏和鉴定家，号称“古墨大王”，一生笔耕不辍，论著达二十多部。值得一提的是，周学熙也和他的父亲周馥一样，晚年归隐北戴河趣园，吟诗作文，留下了很多诗作。

1950年7月28日周叔弢六十生日在天津桂林路家中合影

北方民族工业奠基人周学熙（1866—1947年）

著名实业家周叔弢（1891—1984年）

“几礼居”主人周明泰

在一些藏书家的眼中，河北路277号的这栋小洋楼是津城著名的藏书楼。近代著名实业家周学熙的长子周明泰的戏曲文献收藏，就安置在楼内的书斋“几礼居”中。

周明泰(1896—1994年)，字志辅，别号几礼居主人。作为周氏后人，周明泰一生最为人称道的并非他在实业界的成绩，而是他对中国戏曲的贡献。周明泰自身并不唱戏，他对戏曲的热爱体现在戏曲理论研究及戏曲资料收藏。此外，周明泰还撰写了很多戏曲研究著作。因为与名角杨小楼、梅兰芳、余叔岩、尚小云等人有着密切的交往，周明泰可以获得戏曲研究的第一手资料。周明泰比梅兰芳小两岁，年龄相近让他们的关系更为亲近。梅兰芳毫无保留地把当时他创造兰花指的过程都讲给周明泰。

周学熙去世前曾写下一首“遗嘱诗”：“祖宗积德远功名，我被功名误一生。但愿子孙还积德，闭门耕读继家声。”作为长子的周明泰并没有辜负父亲。1949年，他移居香港，后定居美国华盛顿。随后，他闭门著述，潜心学术，著作甚多，其中《后汉县邑省并表》《三国志世系表》，弥补了正史的缺憾。有“津门世学”之称的周家，自周明泰起，开始将重心转向学界。

◀ **周学熙旧居**坐落在和平区澳门路，人称“周公馆”。现存3、5号楼为砖木结构带地下室的三层小楼，跨二层后楼。建筑为机砖清水墙，部分沙石罩面，东、西、南三面窗口，下方镶有水泥花纹装饰。20世纪30—40年代周学熙在此居住。

▼ **周叔弢旧居**坐落在和平区睦南道129号，该建筑为砖木结构的二层小楼。建筑屋顶为红瓦坡顶，上设“人”字形天窗。正立面一侧出台，采用硫缸砖清水墙面，整体外形精巧别致，简洁大方。

◀ **周氏（周明泰）旧居** 坐落在和平区河北路277号。该建筑由华信工程司建筑师沈理源设计，为砖混结构的三层庭院式住宅楼，局部二层，建筑面积为1 300平方米。正立面首层为三拱券前廊，二层为双柱三开间阳台，三层退线内收，顶部为出檐式小坡顶，保存尚好。

周明泰为中国近代实业家周学熙长子，曾任启新洋灰公司董事，后迁居美国。

▼ 周氏（周明泰）旧居大楼墙面装饰。

◀ 周氏（周明泰）旧居大楼入口。

▼ 周氏（周明泰）旧居楼梯扶手、房间门。

五大道居住的文化名人

“南开”创办人、教育家——张伯苓

张伯苓，名寿春，字伯苓，天津人。先后创办了南开中学、南开大学、南开女中和南开小学。张伯苓是躬行民办教育、推进教育走向现代化的先驱。

张伯苓（1876—1951年）

张伯苓与家人合影

教育家严修

严修，字范孙，号梦扶，原籍浙江慈溪，世业盐商，近代著名的教育家、学者、推进现代教育的先驱，与张伯苓一起在天津创办了南开系列学校，被尊称为“南开校父”。

严修（1860—1929年）

医学专家赵以成

赵以成，字泽如，福建漳州人，神经外科专家。1934年毕业于协和医学院，新中国成立后，先后在天津和北京医院建立脑系科。赵以成故居位于今和平区常德道69号，是一座精巧别致的英式二层小楼。赵以成先生于20世纪40—70年代在此居住。

赵以成（1908—1974年）

赵以成旧居

20世纪30年代的疙瘩楼

马连良（1901—1966年）

疙瘩楼与马连良旧居

马连良，字温如，回族，北京人，著名的京剧表演艺术家。历任北京京剧团团长、中国戏剧家协会艺术委员会委员。20世纪30年代曾在五大道疙瘩楼寓居。

朱宪彝（1903—1984年）

医学教育家朱宪彝

朱宪彝，天津人，著名的内分泌学家和医学教育家，在国际上享有“当代钙磷代谢知识之父”的盛名。

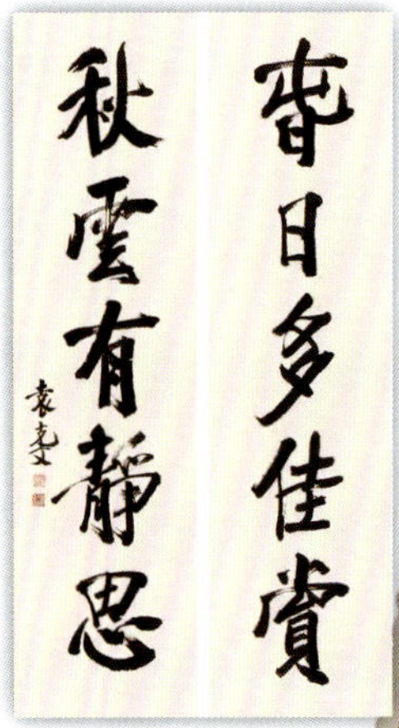

袁克文书法

袁克文（1890—1931年）

收藏家袁克文

袁克文，字豹岑，号寒云，河南项城人，袁世凯次子。袁克文自幼熟读四书五经，精通书法、绘画，喜好诗词歌赋，极喜收藏书画、古玩等。因反对袁世凯称帝，触怒其父，被迫逃往上海，加入青帮，并在上海、天津等地开香堂、收门徒。1931年病逝于天津。

袁克文故居坐落于和平区成都道93号，是一座英式里弄住宅。著名美籍物理学家袁家骝是袁克文之子，他的青少年时代是在这里度过的。

袁克文旧居

天津近代藏书家陶湘

陶湘旧居

陶湘（1870—1939年）

陶湘，字兰泉，号涉园，江苏武进人。民国著名实业家、金融家、藏书家、刻书家。长期在实业界和金融界任职。1915年，在北京创办修绠堂书店，经营古旧书四十余年。1922年至1934年寓居天津，专注藏书和著书，最终成为天津近代著名藏书家。1929年被聘为故宫博物院图书馆专门委员。在今天的天津收藏界，“陶开花”三个字依然被传颂着。因藏宋版《百川学海》，藏书处又名“百川书屋”“涉园”“百嘉室”“喜咏轩”等，所藏古书讲求版本精良、装潢美观，经其整修古书被称为“陶装”。

建筑设计师沈理源

沈理源（1889—1951年）

沈理源，浙江杭州人，曾留学意大利，在罗马奈波利工科大学攻读水利和建筑专业。回国后，在天津开始长达三十年的建筑师生涯，设计房屋百余处。沈理源旧居坐落于五大道地区洛阳道21号。在这里，他设计了天津盐业银行、浙江兴业银行、中央银行等多个代表天津历史的标志性建筑。五大道的许多小洋楼也是由沈理原设计的。沈理源翻译的《西洋建筑史》，是我国第一部中文版的西洋建筑史教材。

▶ **方先之旧居**坐落于和平区睦南道109号，是一座摩登风格的英式别墅。建于1942年，主体建筑二层，建筑面积640平方米。建筑采用砖木结构，红顶阁楼点缀，格外醒目。立面采用白水泥饰面，装点不规则条纹，外观简洁明快。院落整洁，绿树成荫。方先之曾于20世纪40—60年代在此久居。

方先之（1906—1968年），浙江省诸暨人，创建私立天和医院，是著名的骨科专家和医学教育家。他把毕生精力都献给了祖国的骨科医疗事业，有“骨圣”之称。

◀ **张伯苓旧居**坐落在大理道39号。1951年2月23日，张伯苓因中风在此地逝世，享年75岁。该楼为现代建筑，风格淳朴，线条简洁。建筑主体为二层，局部为三层，采用砖木结构，屋顶为坡屋顶，带老虎窗。立面采用清水砖墙，腰檐及门窗套秀美。内部装修豪华，房屋宽敞明亮，采光和通风效果良好。后院很宽敞，有花草绿地，形成庭院式的格局。

▼ **朱宪彝旧居**坐落在和平区成都道100号，是一所普通的三层连排里弄式建筑。旧居建于1934年，由中国著名建筑设计师阎子亨设计。朱宪彝旧居共有房屋16间，建筑面积为254平方米，占地114平方米。该住宅为三层砖木结构，偏东南朝向，采用机砖墙身、水泥屋顶、木质地板、三槽窗户，有暖气卫生设备，有前后小院 。房间装饰虽不豪华，但整体布局紧凑合理，宽敞明亮，居住舒适。

◀▼ **陶氏(陶湘)旧居**坐落在和平区成都道14号。陶氏旧居是一栋砖混结构的三层楼房。由荷兰籍建筑师乐伦森设计。该建筑特点是采用平顶方窗，外墙为混水墙面。建筑入口设方形门厅，上筑长方形拐角阳台。建筑西南方凸起，二层形成宽敞露台，带护栏。内部空间设计合理，采光良好。整座建筑造型精巧别致、风格简洁明快。

疙瘩楼坐落在和平区河北路279~293号。该建筑建于1937年，由意大利建筑师鲍乃弟（Bounbelte)设计，是英商先农公司建造的商品住宅。该建筑为四层砖木结构联体公寓式住宅楼，建筑面积为6 449平方米。大楼设6个券洞式入口，通过院墙分隔形成独立的单元。建筑墙体采用的疙瘩砖因烧制过火而表面凹凸不平。建筑师以此为立面材料，形成该建筑的特色。因此，该楼被称为“疙瘩楼”。京剧大师马连良在20世纪30年代曾在此寓居。图为疙瘩楼外景、内景与夜景。

疙瘩楼初雪

为疙瘩楼（马连良旧居）绘制的明信片

1947年，天津骨科医院董事会成立合影，前排右四为徐世章，右二为陈亦侯，右一为方先之，后排右二为周叔弢

徐世章（1889—1954年）

天津民国收藏家徐世章

徐世章，天津人，著名文物鉴赏家，徐世昌的堂弟。早年留学比利时列日大学商学院，获经济管理学学士学位。1912年学成回国后，先后任交通部路政司属官和京汉铁路管理局副局长、津浦铁路管理局局长。1920年起任交通部次长、全国铁路督办和交通银行副总裁、中国国际运输局局长、币制局局长等职。1922年，徐世章离任后寓居天津，任铁路学院名誉董事、天津耀华中学董事、工商学院董事长、天和医院董事长等闲职。作为津门房地产开发的先驱，徐世章不仅精通建筑学，而且具备经济头脑，又极富远见，故其在房地产业取得巨大成功，为家族奠定了基业。他购置房产，兴办教育、医务、实业，乐善好施，热心公益事业，所以他在当时寓居天津的开明绅士中有较高的威望。新中国成立后，徐世章积极投身新中国的建设事业。1952年，他支持抗美援朝，出售房产，捐献15 000元用于购买飞机大炮。为支持国家经济建设，他认购10年期公债25 000元，是当时私人认购公债数额最高的个人之一。在晚年，他老人家又决定将自己耗尽一生心血收购又极为钟爱的近3 000件文物全部无偿捐献给国家。1954年，徐世章去世，享年68岁。徐世章过世后，家人遵其遗嘱将文物捐献给国家，这些文物现收藏于天津博物馆。

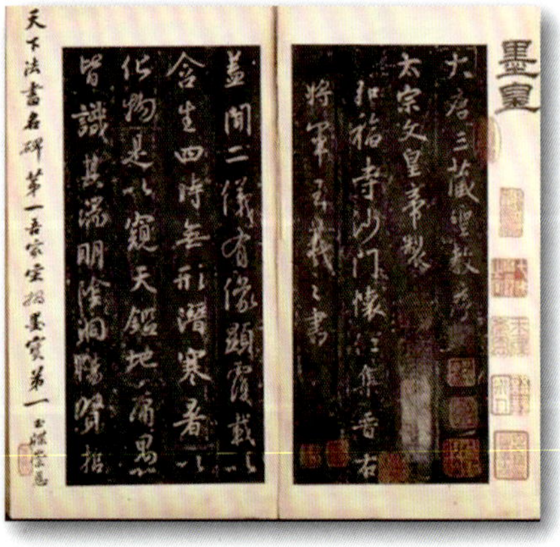

徐世章捐献的宋拓墨皇本《圣教序》

徐世章收藏的《（明）顾从义摹刻石鼓文石砚》（由其家属捐献，天津博物馆收藏）

徐世章夫妇与其二子四女

坐落在大理道与河北路交口的徐世章旧居

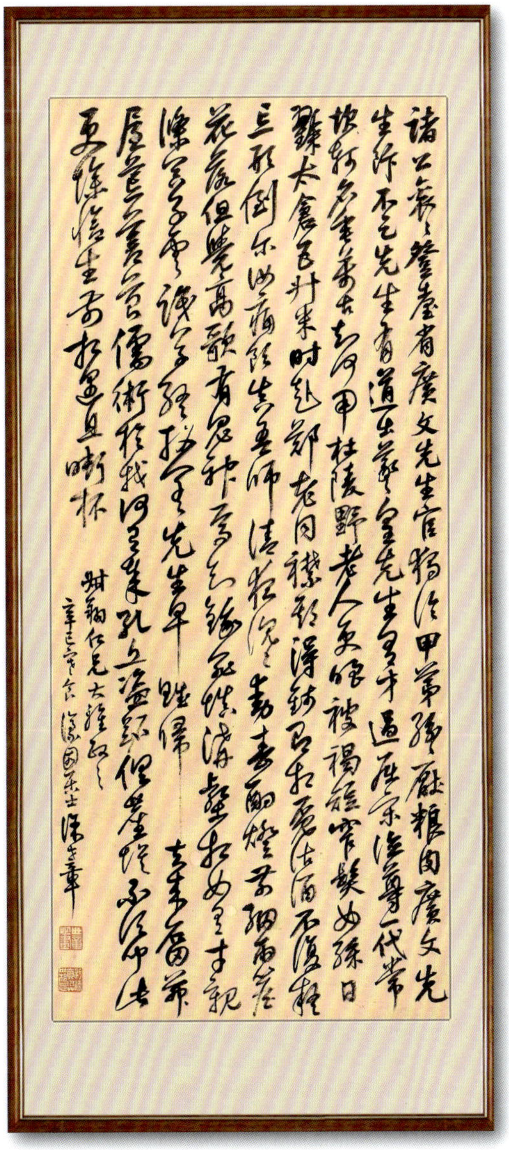

徐世章1941年为时任浙江兴业银行总经理项叔翔书写的草书杜甫《醉时歌》

民国藏砚第一名家徐世章

徐世章一生博雅好古，致力于文物收藏。其藏品以藏砚最为著名，天津博物馆收藏的古砚大多是由徐世章捐献的。他曾将自己的书室命名为“宝砚室”，著有《濠园砚谱》一书。他为爱砚刻了许多闲章，其心境可见一斑，如“濠园宝比过明珠骏马”“如此至宝存岂多”“所宝唯砚”“闲人以砚为忙事”等。徐世章为获得一方名砚，不惜花费重金。明代顾从义的“石鼓砚”为砚中极品，他对其心仪已久。1935年冬，他专程去北京拜访了收藏者李氏，但在谈价格时，被一个商家高价购去。徐世章不得不出更高的价格购得，其中经历了许多波折。“石鼓砚”终于到手，他激动万分，特请其兄徐世襄为收藏过程作了题记，以记其详。

徐世章收藏的“（明）荷鱼朱砂澄泥砚”
（由其家属捐献，天津博物馆收藏）

◀ **徐世章旧居**坐落在和平区睦南道126号。该建筑为三层砖木结构楼房，屋顶为红瓦坡顶，二层设有阳台。水泥砂浆抹灰墙面，窗间墙处有水平红砖带点缀，墙面肌理别具特色。

▶ 徐世章旧居内景。

在五大道寓居的风云人物

1911年辛亥革命后，社会动荡，朝政更迭频繁，租界成了政治的避风港。一些北洋政府内阁成员包括总统、总理、总长、督军、省长、市长等各界知名人士，总计百余人下野后在此寓居。北洋政府内阁成员下野后住进五大道者包括大总统曹锟，大总统徐世昌，潘复，张绍曾、顾维钧、朱启钤、龚心湛、颜惠庆等6位内阁总理，以及其他总长、督军、省长、市长等。

曹锟（1862—1938年）

北洋督军陈光远

陈光远，天津市武清区崔黄口人。早年毕业于天津武备学堂，后追随袁世凯、冯国璋，为北洋军阀直系骨干。曾任江西督军。1922年，陈光远因被北伐军打败而去职，住进天津英租界现烟台道的一处别墅，后在和平区大理道48号投巨资建成第二座别墅。陈在这里过着舒适的寓公生活，于1939年8月病逝。

陈光远（1872—1939年）

北洋政府中最后一任大总统曹锟

曹锟，字仲珊，天津人，北洋政府中最后一任大总统。1919年被推举为直系军阀首领，曾靠贿选成为中华民国大总统。1924年，在第二次直奉战争中，他被冯玉祥赶下台。从1927年起，曹锟长期寓居天津，直到1938年5月病故。曹锟在天津建有多处公馆，其中位于今五大道南海路2号的一处公馆，被人称为曹公馆。这座公馆是1923年曹锟下野后，为其四太太刘凤伟专建的住所。

北洋政府国务总理颜惠庆与伪满洲国驻天津“领事馆”

颜惠庆是中华民国北洋时期的外交家、社会活动家，曾任中华民国国务总理，此外还担任过驻苏联、德国、丹麦、瑞典等国大使、公使等。1919年巴黎和会期间，任中国政府代表团顾问。1926年辞职，举家来到天津，居住在英租界香港道（现睦南道24号）。在津期间，颜惠庆与大陆银行总经理谈丹崖，与曾任中华民国国务总理的龚心湛共同筹划成立“大陆商业公司”，颜惠庆担任董事长。1931“九一八”事变后，颜惠庆南迁上海，将该楼卖给大连永源轮船公司总经理李学孟。1943年，李学孟又将该楼出租给伪满洲国领事馆使用。

北洋国务总理潘复

潘复，清末举人，1919年出任北洋政府财政次长、代理财政总长兼盐务署督办。1927年，潘复任国务总理，下台后先在大连居住，后选择在天津定居。

潘复（1883—1936年）

颜惠庆（1877—1950年）

北洋财政总长龚心湛

龚心湛（1871—1943年）

龚心湛，字仙舟，安徽合肥人，历任安徽财政厅厅长，北洋政府财政总长兼代理国务总理、内务总长、交通总长。后退出政界，来津经营实业，先后担任大陆银行、中孚银行的董事、耀华玻璃公司总董、开滦矿务局董事等。其间，日本人曾拉龚心湛出面在华北伪政权任职，被其断然拒绝。1940年，他以居士身份与靳云鹏等人筹资整修大悲院。

北洋陆军总长蔡成勋

蔡成勋（1871—1946年）

蔡成勋，天津人，1900年毕业于天津武备学堂，北洋军阀资深将领。曾任北洋政府陆军总长、甘肃督军、江西督军等职。冯国璋代理大总统时，蔡成勋任察哈尔都督。1924年12月，因部下倒戈而下台，先逃往上海，后回天津，在英租界买地建宅，并修建一座家庙，过上了寓公生活。

奉系军阀将领张作相

张作相（1881—1949年）

张作相，祖籍河北省深县，生于辽宁锦县，绿林出身，是奉系军阀的重要成员。1911年毕业于东北讲武学堂，奉系军阀将领，辅佐张作霖、张学良父子治理东北，曾任吉林省保安司司令、吉林省政府主席等职。“九一八”事变后热河被日军占领，张作相被迫辞职。1933年，他携家眷寓居天津。 20世纪30年代末，张作相拒绝了日伪的威逼引诱，不出任伪职，保持了民族气节。1949年4月他在寓所内病逝。

张绍曾（1880—1928年）

北洋国务总理张绍曾

张绍曾，河北大城人，曾任北洋政府第23届国务总理兼陆军总长。张曾经主张迎接孙中山入京协商南北统一，1923年下野隐居天津后对北洋政府失去信心，与冯玉祥关系密切。1928年3月21日，张绍曾被暗杀，成为轰动津门的政治谋刺案。

北洋督军孟恩远

孟恩远，字曙村，天津人，曾任北洋政府的吉林督军。1919年寓居天津搞实业，投资面粉厂、棉纱厂和房地产等工商领域。孟恩远故居坐落在和平区重庆道23号，是一座具有英国建筑风格的楼房。该楼由英国建筑师设计，据说建筑师的设计灵感取自伦敦泰晤士河畔的双塔桥。

孟恩远（1858—1924年）

北洋海军总长刘冠雄

刘冠雄，福建福州人，光绪十二年（1886年）被派往英国格林威治海军学院学习，光绪十六年（1890年）回国。他参加过1894年中日甲午海战。北洋政府时期，刘冠雄被授予海军上将军衔，历任海军总长、交通总长、教育总长等职。1923年，刘冠雄隐居津门，长期过着寓公生活。

刘冠雄（1853—1927年）

◀ **潘复旧居**坐落在和平区马场道2号。该建筑为混合结构，主体二层，局部三层，建筑面积为3 780平方米。外檐中部台基外凸，由六根立柱支顶弧形水泥平台，下为敞开式门厅，右侧作半圆形二层平顶塔楼，是一座环境幽雅的欧式花园别墅。

图为潘复旧居、东门门厅、东门柱廊。

▼ **曹锟旧居**坐落在和平区南海路2号。该建筑为砖混结构，二层带地下室楼房，建筑面积为1 244平方米。正立面中部前凸，腰线上下均由立柱支撑，屋顶为四坡出檐，造型稳重而有气势。

▼ **蔡成勋旧居**坐落在和平区大理道3号。该建筑为砖混结构的三层西式公馆，建筑面积为2 100平方米。首层中部为外凸封闭门厅及阳台。顶层中部为平顶，两侧为坡顶。楼内为大开间，施以中式硬木透雕落地隔扇，做工精美。

▶ **龚心湛旧居**坐落在和平区重庆道64号，建筑面积为936平方米，是砖木结构的西式三层楼房，带地下室，外墙为清水墙，中央为石阶与出檐门厅，上置护栏阳台。门窗作假壁柱，楣子有装饰，建筑庄重典雅。

◀ **张绍曾旧居**坐落在和平区河北路334号。该建筑为砖木结构，主体为二层，建筑面积为1 463平方米，建筑风格为巴洛克风格。建筑外观规整华丽，线条流畅。首层入口台基两侧由两根贴墙的罗马柱支撑，柱上有水波纹花饰，柱头装饰精美。过厅拱券分割，庄重而富有张力。室内为菲律宾木“人”字形地板、双槽窗，雅静有致。张绍曾自1923年至1928年寓居此处。

▼ **陈光远旧居**坐落在和平区大理道48号，建筑面积为930平方米，主体为砖混结构的局部三层别墅式楼房。外檐采用褐色琉缸砖墙面，入口上方作大跨度转角，二楼上筑大型露台，层次鲜明。三层楼顶建有中式八角凉亭，设计中西合璧，独出心裁，造型新颖美观。

▼ **刘冠雄故居**坐落在河西区马场道123号。1922年，刘冠雄按照自己的构想在这里建起了3栋砖木结构的西式洋楼。其中中楼为航空母舰造型，西楼为巡洋舰造型，北楼为望远镜造型，象征着主人曾是海军将领，寓意逝去的辉煌。原主、配楼共有房81间，建筑面积为3 325平方米，占地面积为6 133平方米。现仅存北楼，主体建筑三层带地下室，采用红机砖清水墙，部分沙石罩面，设有挑梁与大瓦顶。一层为大厅、饭厅、书房和会客厅；二、三层为生活起居室。整个大楼装潢讲究、富丽堂皇。

▶ 刘冠雄旧居内楼梯间。

▼▶ **张作相旧居**坐落在和平区重庆道4号，是一座典雅别致的欧洲风格花园住宅。该建筑建于1913年，由法国建筑师设计并承建，建筑面积为1 620平方米。该建筑是一座二层砖木结构小楼，半地下室，外檐为浅黄色水泥墙面，凹凸多变，镶饰水泥雕花。采用红瓦圆筒屋顶，造型高低错落有致。建筑东侧楼梯带半圆形瓶式护栏，造型精美，具有西洋古典主义风格。

“水竹邨人”徐世昌晚年在天津

徐世昌先后娶卫辉曹氏和辉县席无棣为妻，曾经在辉县百泉“水竹邨”置办田宅。晚年又号水竹邨人、东海居士等。

晚年徐世昌（坐者）在家中留影

北洋总统徐世昌（1855—1939年）

徐世昌，北洋政府第四任大总统。1922年6月2日，在吴佩孚的驱逐下，徐世昌辞去大总统职务，蛰居津门，直至去世。在这17年的寓公生涯中，他从未离开过天津，也绝少走出英租界。

自下野之后，徐世昌在天津做寓公，不闻政治，无出山之念，日常以看书、绘画、写字、赋诗自娱。徐世昌远祖由浙江迁直隶天津，后移居河南卫辉府。徐世昌文人出身，诗、书、画俱晓。他为总统时曾成立北京艺术篆刻学校，即中央美术院前身。徐世昌退出政界，于天津“退耕堂”过隐逸生活，借助僚友门客编撰书籍20余种。徐世昌的书画作品颇有声誉，曾在国际画展中展出。

徐世昌就任总统时的纪念章
(天津博物馆收藏)

他晚年谈论三个主要话题：一是向家人、来客炫耀自己昔日的“政绩”，特别是在清朝出任东三省总督的“光辉历史”；二是谈他自己的诗、书、画，常以自己是“文艺全才”而自豪；三是以自己年过八十仍身体强健为荣，经常大谈养生之道，得意之时常吟诵“八十老翁顽似铁，三更风雨采菱归”的诗句。

他的家庭充满了封建色彩，家属后辈见他时从没座位，只限于请安

时任东三省总督兼署奉巡抚的徐世昌（前排中），第二排右二为朱启钤

1936年曹汝霖（左一）徐世昌（后排左四）朱启钤（后排左五）徐世章（右一）宋汉章（右二）任振采（右三）在英租界寓所合影

问候，很少与他一起叙叙家常。但深得他宠爱的女儿、侄女却可以随意与他说笑、玩耍，只是不许她们独身出门，更不许私自进戏院、影院。对过去的下属，他一直保持着封建统帅的作风，如王怀庆、陈光远等人，逢年过节或给他祝寿时，总要按对待“老帅”的旧礼叩首请安。一次陈光远请徐世昌在自己的照片上题字，徐世昌欣然题诗，然后逐句讲给陈光远听，每听到好处，陈光远便躬身请安道谢。一首诗还没讲完，陈光远已请安十数次，而徐世昌则端然稳坐，受之安然。

1939年6月，85岁的徐世昌病逝于天津，归葬辉县，未修墓，仅竖一块“水竹邨人之墓”碑。

当年徐世昌收藏的“西周太保鼎”。此鼎内部铸有“大保铸”三字，大保即太保，太保为官职名。此太保鼎是西周成王时的重臣召公奭所铸造的，在海内外享有盛誉。此鼎的历史价值与艺术价值较高，堪称国之瑰宝（现藏于天津博物馆）

当年徐世昌为天津老字号正兴德茶庄亲笔题写了一块匾额，落款署名为“水竹邨人”，匾额采用汉白玉雕刻，被镶嵌在建筑正门的眉心位置

徐世昌的书画作品

▼ ▶ **徐世昌之女旧居**坐落在和平区马场道44~46号。该建筑为二层砖木结构，建筑面积为816平方米。建筑立面采用白色水泥墙体，四周有方格图案装饰，屋顶为“II”形大坡度瓦顶，带挑檐，两边对称各开一圆形老虎窗及“人”字形天窗，两侧方窗均以水泥饰边。入口为小石阶，采用弧形方门窗，带小过厅。二层腰部横跨一条型阳台。

这是黄昏中的马场道。其中右一的小楼为徐氏旧居，坐落在和平区马场道42号。该建筑为砖木结构，主体二层，建筑面积为408平方米，是一座西欧乡村别墅式建筑。墙面采用白色水泥墙体，设棕色门窗，屋顶为“人”字形红瓦坡顶，上开老虎窗和三角顶天窗，入口为小石台阶，门厅形式为方门厅。建筑造型别致，风格鲜明。

民国第一外交家顾维钧

顾维钧（1888—1985年）

顾维钧，字少川，汉族，江苏省嘉定县（今上海市嘉定区）人，中国近现代杰出外交家。1904年入美国哥伦比亚大学，专攻国际法及外交，获博士学位。1912年，任袁世凯总统英文秘书，后任国民政府驻法国、英国大使，联合国首席代表、驻美大使，海牙国际法院副院长；被誉为“民国第一外交家”。1919年和1921年，作为中国代表团成员出席巴黎和会及华盛顿会议。在巴黎和会期间，顾维钧据理力争，语惊四座，为中国从德国收回山东主权赢得了良好的舆论环境，并拒绝在合约上签字。这次拒签是中国外交史上第一次坚决对列强说“不”，打破了近代以来始争终让的外交局面。1922年至1926年，任外交总长、财政总长，两次任代理国务总理。“九一八”事变后，先后担任驻法、英、美等国大使，1945年6月，出席旧金山会议，参加起草联合国宪章，作为中国代表在宪章上签字。1956年至1976年，先后任海牙国际法庭法官、国际法院副院长。顾维钧生前口述的600余万字的人物回忆录，成为研究中国近现代外交的重要资料。

晚年顾维钧与女儿顾菊珍留影

顾维钧比利时王冕勋章

根据顾维钧口述整理出版的《顾维钧回忆录》

顾维钧与夫人唐宝玥、女儿顾菊珍合影

1936年4月，出任中国驻法大使的顾维钧，身穿西式宫廷礼服递交国书

巴黎和会上，顾维钧等中国代表团成员拒绝在《凡尔赛条约》上签字，拒绝日本占领山东的无理要求。这是中国人第一次挺起胸膛对列强说：“不！”这个行为成为了中国外交史上的里程碑

1922年，华盛顿会议成功解决了巴黎和会悬而未决的山东问题。顾维钧带领的代表团经过36次艰苦谈判，最终使中日签署了《解决山东悬案条约》及附件，迫使日本放弃了对山东的占领

1919年出席巴黎和会的顾维钧（前排左二）与丘吉尔（前排中）

1945年6月，顾维钧出席旧金山联合国制宪大会，代表中国第一个在联合国宪章上签字。

1956年之后，在海牙国际法院担任法官、副庭长长达十年

◀ 叶落无声(顾维钧旧居)。

▶ **顾维钧旧居**坐落于重庆道与河北路交口的河北路267号。该建筑建于1921年，建筑面积为 1 547 平方米，共有楼房48间，为混合结构，屋顶为木屋架起脊，二层和三层设有平台。主楼为三层，采用砖木结构，建筑立面为红缸砖墙。窗子与拱券相结合，门前立着一对巴洛克式麻花形柱，端庄、典雅。1924年，顾维钧曾在此居住。

◀ ▶ **顾维钧旧居**室内装饰豪华大气，设计精巧，门楣采用蝙蝠、水果木雕图案标识房间用途，巨大书架巧妙地嵌入墙壁，兼具美观与实用，体现出主人学贯中西的文化背景。

◀ 顾维钧旧居楼梯间和室内壁炉。
▼ 顾维钧旧居大厅和餐厅。

原伪满洲国领事馆（颜惠庆旧居）坐落在和平区睦南道26号。该建筑建于20世纪20年代，是一所褐色硫缸砖的砖木结构的三层楼房，建筑面积为2 553平方米。正面设四连拱形外廊，成四联券阳台，护栏外凸，呈半圆波浪式造型。二、三层之间由方形砖柱支承，阳台及平台逐层退线收分，平顶出檐，外观层次感强。方窗与拱形外廊形成对比，充溢着南欧风情。楼内有舞厅、客厅、佛堂等，房间均设有壁炉，内装修考究。

原伪满洲国驻天津领事馆大楼（颜惠庆旧居）与孙殿英旧居

孙殿英（前排右一）与同僚合影

孙殿英盗掘慈禧墓

孙殿英(1889—1947年)

孙殿英，河南永城人。早年寄身绿林，1922年投靠豫西镇守使丁香玲。1925年后先后投靠张宗昌、蒋介石、阎锡山、冯玉祥、张学良。历任师长、军长、安徽省主席。1928年以军事演习为名盗掘清东陵。1943年率部投降日军。1947年在汤阴被中国人民解放军俘获。

1928年春，原奉军收编之积匪马福田率部叛逃，直奔清东陵旁的马兰峪，蓄意长期挖坟盗宝。当时，北伐军已进入河北地区，奉军北撤，而冀东一带散匪非常多。在这种情况下，国民革命军派出孙殿英部前往“剿抚”。路途中，孙殿英屡见东陵殿宇富丽堂皇，为了筹措剿匪资金，生起了不义之心。接着，他得知马福田进驻马兰峪准备掘陵的消息，马上命令第八师师长谭温江连夜率兵前往，赶走了马福田。同时，为遮人耳目，他们到处张贴布告，声称部队要搞军事演习，开始计划盗墓行动。

1928年夏，孙殿英率部驻扎蓟州马伸桥，这里与清东陵只有一山之隔。随后，军阀孙殿英在河北省遵化县成功地完成了盗陵。所盗的两座墓葬中，一座是清朝乾隆皇帝的裕陵，一座是慈禧太后的定陵。经过三天三夜的疯狂盗掘，7月11日，孙殿英满载而归。

溥仪闻之，怒不可遏。在天津张园摆设了乾隆、慈禧的灵位和香案祭席，每天举行三次祭奠。清室和遗老们分别向蒋介石和平津卫戍司令阎锡山以及各报馆发出通电，要求惩办孙殿英。溥仪在激愤悲怆之中，亲手绘制漫画《怒斩孙殿英》以示抗议。

末代皇帝溥仪作漫画《怒斩孙殿英》

▼ **孙殿英旧居**坐落在和平区睦南道20号。该建筑是一座四层英式洋楼，建于1928年，为三层(带半地下室）砖混结构楼房。前立面中央外凸，砌筑条状平台。主楼两侧分设二段式楼梯，成半开放式外廊。二层中部与首层对应，三层退线，顶部出檐，建筑高低错落有致，别具一格。入口设于高基上，平台上设有八根绳纹立柱，与室内楼梯、壁炉的绳纹木雕立柱内外呼应，设计考究，装修奢华，彰显巴洛克风格。

◀ 孙殿英旧居入口门前的巴洛克风格柱廊。
▼ 孙殿英旧居一楼大厅壁炉。

▼ 孙殿英旧居一楼大厅。

▶ 孙殿英旧居通往二楼的楼梯间。

▼ 孙殿英旧居二楼楼梯间的木雕柱廊。
▶ 孙殿英旧居楼梯间雕刻精美的柱头。

张作霖(1875—1928年)

张作霖家族在天津

中国人民解放军少将张学思

张作霖家族与天津渊源颇深，其子张学铭1931年曾任天津市市长；“九一八”事变后，张作霖的四位姨太太都长居天津。如今天津还能找到很多张家过去的旧宅，其中知名度较高的有三处，一是赤峰道瓷房子附近的少帅府；二是睦南道上的许氏旧居，这里曾是张作霖四夫人的住处；三是睦南道50号的张学铭旧居。

张学良（中）张学铭（右）
张学思（左）三兄弟合影

张学良(1901—2001年)

张作霖共有六位夫人，分别是原配赵氏（张学良的生母）、二夫人卢氏、三夫人戴氏、四夫人许氏、五夫人寿氏、六夫人马氏。张作霖的六位夫人除了原配去世较早，其他几位夫人都一直活到了张作霖去世之后。张氏家族人口众多，不包括张作霖的兄弟，仅从他算起，六位夫人共为他生育了8个儿子和6个女儿。其中，长子张学良、次子张学铭、三子张学曾、四子张学思都较为知名。

1926年张作霖在天津任安国军总司令

坐落在睦南道的张学铭旧居

许澍旸与她的四个儿女。从左至右依次为：张学思、张怀曦、张学曾、张怀瞳。张作霖四夫人许澍旸，即许夫人，1909年生三女张怀瞳，1911年生三子张学曾（字远卿），1913年生五女张怀曦，1916年生四子张学思。许氏于“七七事变”后移居美国。1949年后只身回国，1976年卒于北京

张学铭与夫人朱洛筠

张学铭（1908—1983年），奉天（今辽宁）海城人，张学良二弟。1919年毕业于日本步兵专门学校。1931年任天津市公安局局长，同年升任天津市市长、兼公安局局长。1946年任东北保安长官司令部中将总参议。去职后长期居津

张作霖四夫人许澍旸与三儿子张学曾一家

坐落在睦南道的许氏（许澍旸）旧居

1927年，张作霖八个儿子的合影。从右至左依次为：张学良、张学铭、张学曾、张学思、张学森、张学浚、张学英、张学铨

◀ **许氏旧居**坐落在和平区睦南道11号。该建筑建于20世纪30年代，为砖木结构的三层楼房，建筑面积为1 330平方米，立面为红砖清水墙，屋顶为高耸错落式多坡瓦顶。首层设拱券式入口，上筑大型露台。楼内装修精致，设有客厅、舞厅、餐厅、书房、居室及附属房间。该建筑有19世纪英国浪漫主义建筑的特点。该旧居为庆羯堂许氏（张作霖四夫人许澍旸）寓所。

▶ 寒 夜（许氏旧居）。

许氏旧居一楼前厅与楼梯间

▼▶ 许氏旧居二楼大厅和各房间

许氏旧居一楼北侧楼梯间

许氏旧居一楼前厅

▼ **张学铭旧居**坐落在和平区睦南道50号。该建筑为砖木结构，是一幢庭院公馆式二层带地下室的楼房，建筑面积为1 426平方米，采用多坡红瓦顶与缸砖清水墙。立面中央前凸，下为入口上筑阳台。

▶ 独具特色的东侧门上方半圆形玻璃雨厦。

◀ 张学铭旧居接待室、一楼大厅双层门窗、通往副楼的通道。

▶ 张学铭旧居一楼会客室。

张学铭旧居二楼楼梯间与走廊

◀ 楼梯间的彩色玻璃窗(张学铭旧居)。

▶ 张学铭旧居室内装饰精致的梁托、造型各异的壁炉以及入口的穿衣镜，彰显设计师的用心。

朱启钤（1872—1964年）

朱启钤创建中国营造学社

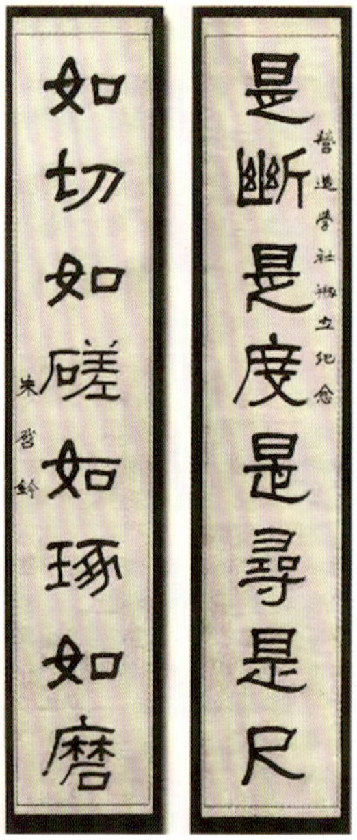

朱启钤，字桂莘，晚年号蠖公，贵州紫江（今贵州开阳）人，社会名流。曾在北洋政府中先后出任交通部总长、内务部总长，直至代理国务总理，是北洋政府元老之一。

朱启钤人生的高光时刻应该是创建中国营造学社。1919年，他赴上海出席“南北议和会议”，途径南京时，在江南图书馆发现了宋代李诫的《营造法式》手抄本，便委托商务印书馆以石印本印行，同时又在北京刊行仿宋本。后又组织人员对清钦定《工部工程做法》一书进行校注。1930年，他在北京发起成立中国第一个专门研究古建筑的学术机构——中国营造学社，并亲任社长。学社下设法式组和文献组，法式组由梁思成任主任，文献组由刘敦桢任主任，同时还有瞿宣颖、林徽因、刘士能、陈明达等知名人士参加学社工作，培养了一批古建筑人才并团结了一批国内一流的古建筑专家。朱启钤亲自校订了《营造法式》。与此同时，营造学社还撰写、出版了三十多种有关我国古建筑的专著，其中包括朱启钤自己撰写的《贵阳甲秀楼建筑调查纪略》等贵州古建筑的珍贵史料。可以说，朱启钤在中国古建筑研究领域，是当之无愧的开拓者与奠基人。

1903年，管学大臣张百熙（右）与袁世凯、朱启钤（左）在京师大学堂译学馆合影

1924年，朱启钤（右三）与黎元洪（右一）、张学良（右四）等在北戴河合影

朱启钤和夫人与女儿们留影

朱启钤（前排坐者）90大寿时与众人留影。后排左起：王世襄、茅以升、周书廉、张叔诚、刘宗汉、梁思成、蒋君奇、马昭淑、马崇恩、章茂莹、黎明辉

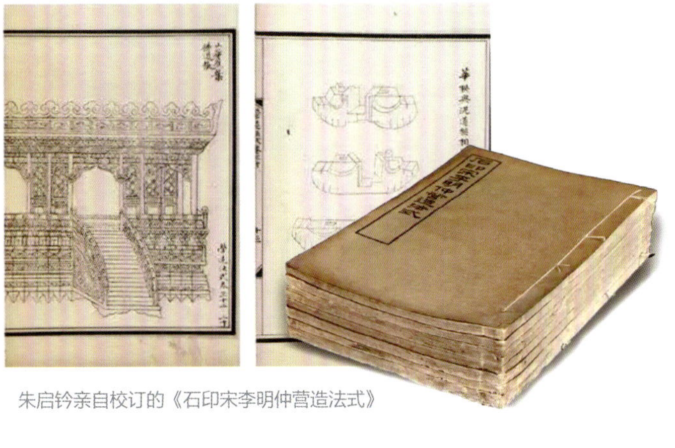

朱启钤亲自校订的《石印宋李明仲营造法式》

朱启钤与“样式雷”

自康熙王朝以来，雷姓一家八代供职于皇家建筑设计机构“样式房”，长期担任“掌案”，统领皇家建筑的设计与营造，被誉为“样式雷”。他们是皇家御用建筑师，也是清代当之无愧的顶级建筑设计师，他们设计的皇家建筑包括耳熟能详的故宫、天坛、颐和园、承德避暑山庄等传世之作。

朱启钤是国内最早开展“样式雷”研究的学者，著作《样式雷考》记载：“雷发达，字明所，江西南康府建昌县（今永修县）人……发达，振声子。清初与其堂兄发宣（振宙子）以艺应募赴北京，又为样式雷家发祥之始祖”。

1911年，清王朝退出历史舞台，皇家建筑终止，传奇建筑世家“样式雷”随之衰落。20世纪30—40年代，雷氏后人，迫于生计陆续出售一些“样式雷”图档，这些图档有的流传于市井旧书摊、有的流传到国外。此时，朱启钤的出现挽救了这批国宝图纸的命运。朱启钤立即向当时的文化基金会提出建议，希望文化基金会能够及时拨款把“样式雷”的画样、烫样以及所有图档都收购回来，20世纪30年代，在朱启钤与中国营造学社的梁思成、刘致平、刘敦桢等建筑学家努力下终于使绝大部分的“样式雷”图档被收购并藏于当时的国立北平图书馆，挽救并保护了这些即将流失的图档。至今，这些图档收藏在中国国家图书馆。2007年，“样式雷”图档被联合国教科文组织选入《世界记忆名录》。

“样式雷”绘制的图档

“样式雷”制作的“烫样”

▼ **朱启钤旧居**坐落在河西区马场道164号，是二幢带地下室的欧式楼房，名为“蠖园”。朱氏引退后，于1922年在天津购买了一块地皮，位于大军阀倪嗣冲的倪家花园对面。主楼为英庭院式三层楼房，位于墙子河边。住宅的庭院宽阔，有假山亭榭，还有一个小游泳池，现主楼已经拆除。现存附楼为一幢砖木结构的二层楼房，设有哥特式拱形外廊与尖拱形天窗，屋顶为四坡瓦顶。楼层周围均设回廊，造型典雅。庭院开阔，内有假山亭榭。20世纪20年代，朱启钤曾在此居住。

▶ 朱启钤旧居正门入口。

◀ 朱启钤旧居一楼大厅。
▼ 朱启钤旧居一楼会客室与餐厅。

▼ 朱启钤旧居二楼阳台。
▶ 朱启钤旧居楼梯间与二楼中厅。

美国总统胡佛在天津

赫伯特·克拉克·胡佛(1874—1964年)，曾为自己取中文名“胡华”，1894年毕业于美国斯坦福大学，专业是地质学。他开始只是一名矿工，不久做了一家公司的打字员，负责管理澳大利亚金矿。1899年，该公司派胡佛到墨林公司—中国工程矿业公司任直隶、热河西省矿务技术顾问，成为墨林公司在天津的经理人。

1900年，胡佛作为英国墨林公司的代理人，与开平矿务局中方督办张翼、天津海关税务司德璀林签订《出卖开平矿务局合同》，并以中外合办名义将其改组为英国有限公司，后改称“开平矿务有限公司”，在英国注册，胡佛任总办。胡佛是骗占开平煤矿矿权的策划者之一。1912年6月，由胡佛与德璀琳参与，正式签订开平、滦州两矿联合营业契约，成立开滦总局，由政府派督办。由此，经胡佛等人策划，英国在远东地区诞生了又一个大型企业——开滦煤矿。

胡佛旧居坐落于马场道6号（右边远处的楼房现已拆除）。胡佛的妻子卢·亨利在这里为胡佛生下了两个儿子，小赫伯特和艾伦。（左边的大楼为香港大楼）

在天津发迹的胡佛赚取第一桶金之后返回美国，并在旧金山自设公司，一步步成为美国商界显赫一时的人物。1928年11月6日，他当选为美国第31任总统。

在五大道生活的外国人

北洋大学总教习丁家立

丁家立（1857—1930年），美籍著名教育家，1895年至1906年任北洋大学堂（北洋西学学堂）第一任总教习。1886年到天津就任李鸿章的家庭英文教师。同年，在天津设立中西书院，系外国在中国举办的第一所无宗教色彩学校，自任院长兼美国驻天津副领事。1895年，天津海关道盛宣怀创办北洋西学学堂，聘其任总教习，中西书院亦随之停办。1900年，八国联军侵华，学堂原址被德军破坏，丁家立挺身而出，亲赴德国交涉。获得补偿金后，于1903年在西沽武库重建学堂，时称北洋大学堂（即天津大学前身）。丁任总教习，曾多次获得清政府嘉奖。1906年，丁家立被派驻美中国留学生处任监督，两年后又改任美国驻华公使馆汉务参赞。1921年退休回国，曾再次来华游历。

李鸿章顾问德璀琳

德璀琳（1842—1913年），德裔英国人。李鸿章的顾问，影响近代天津历史的外国人。自1867年起涉足天津海关，从任四等文书开始，把持天津海关税务司长达22年之久。1884年，其协助李鸿章在天津与福禄诺签订了不平等的《中法会议简明条约》；1886年，创办了天津第一家英文《中国时报》和中文《时报》；1894年底受李鸿章委托，赴日本斡旋甲午战争和谈未果，不久又被委任开平矿务局会办，后清廷赏其头品顶戴。他是洋人骗占中国开平矿务局资产的策划者。1898年他与英国墨林公司密谋骗占得手，后又改头换面偕中方督办张翼赴伦敦，为开平矿权案“打官司”，表面胜诉，实则一纸空文。曾先后10次出任英租界工部局董事长，处心积虑地扩充英租界。1913年在天津去世。

建筑设计师盖苓

罗尔夫·盖苓（1884—1952年），奥地利人，奥地利国家建筑鉴定议员，著名建筑设计师。曾在朱启钤统筹规划的北戴河建设中设计多处酒店、路桥等设施。在中国的30年间，他的设计作品遍布沈阳、大连、天津、青岛、南京、上海，其中以天津最多，有250余座。香港大楼、剑桥大楼、民园大楼等公寓式建筑以及吴颂平旧居、章瑞庭旧居等均出自盖苓之手。

马歇尔在天津

乔治·卡特利特·马歇尔(1880—1959年)，美国著名军事家、政治家、外交家、陆军五星上将，曾任第50任美国国务卿。马歇尔毕业于弗吉尼亚军事学院，第一次世界大战时任美国派遣军第一军作战处长。1924年至1926年间，马歇尔任美国驻中国天津的第十五步兵团副团长。期间，马歇尔居住在天津英租界五大道。

在第二次世界大战中，他积极为罗斯福总统出谋划策，为美国在二战中取得胜利做出不可磨灭的贡献。1947年，马歇尔出任美国国务卿，1950年任国防部长，他以出台复兴欧洲的“马歇尔计划”而闻名于世。1953年获诺贝尔和平奖。

纳森叔侄与天津开滦矿务局

清末民初，曾有两位英籍犹太人在天津操控着矿业，他们就是纳森和爱德华·乔治·纳森，二人为叔侄关系。纳森青年时代曾在英国军队中供职，经胡佛推荐于1903年来到天津，出任开平矿务局总办。1912年，开平与滦州两个煤矿合并成立开滦矿务局，办公地点仍设在天津，纳森再度成为董事部主席兼总经理，并在1938年回国。

爱德华·乔治·纳森1910年到天津来投靠叔叔纳森，也进入矿务局工作，人们习惯叫他纳森爱德。1928年，纳森爱德升任开滦矿务局副总经理，从此把持天津煤炭大权直至20世纪40年代初。睦南道70号的小楼就是纳森爱德的居所。

1938年，纳森爱德代表英国矿方在唐山各矿实行“井下记工制度”，此举引起了矿工们的强烈不满。以赵各庄为首的唐山五大矿区联合举行了为期50天的大罢工。纳森爱德在工人们的压力下，被迫答应了工人们提出的条件。

近代教育家崔伯

崔伯（1881—1947年），字仰西，英文名Percy. B. Tripp，是一位热爱中国、倾心中国文化、致力天津教育40余年的天津近代洋教育家，曾任教于南开学校，是周恩来的老师。1947年，崔伯因病在天津去世。

▼ ▶ **纳森旧居**坐落在和平区睦南道70号。该建筑建于1928年，采用砖木结构，主体部分为三层，两侧为二层，面积为1 433 平方米。立面采用红砖清水墙，屋顶为大筒瓦四坡顶，门窗上设有筒瓦雨厦，建筑腰部设阳台。建筑整体造型不对称，坡顶造型错落有致，主入口处引导性极强的拱券柱廊成为整个立面的构图中心。室外有庭院式花园，种植塔松、藤萝及各种名贵花卉树木。

原英国文法学校在天津

原英国文法学校（又称英国公学），为英侨子弟学校，该校以服务英国侨民为办学宗旨，所以只招收外国人子女，极个别情况下招收中国富人子女。在教育实践中，该校以传承纯正英伦风格、培养英国绅士著称，所有基础课程的教授都采用英式英语。据说，其教学水平卓越，可与世界名校接轨。该校学生参加剑桥大学的统一考试，试卷直接从英国寄来，在同一时间，全球所有的英国文法学校同时考试，通过者可以直接进入剑桥大学学习。这所学校培养出无数优秀的毕业生，有著名记者伊斯雷尔·爱泼斯坦、美国著名作家约翰·赫塞、英国著名画家默文·皮克、著名京剧表演艺术家齐啸云等。

建筑二楼设有大礼堂，大礼堂设两层看台与600多个座位。前设舞台，后有放映室，舞台两侧设有上下台口，可不经过礼堂到达舞台，设台口楼梯直达三层演员化妆室。

学校篮球队

著名记者爱泼斯坦

伊斯雷尔·爱泼斯坦（1915—2005年），生于波兰。1917年随父母迁居中国，1920年来到天津，在津常住18年。1921年在天津英国文法学校读书，1931年后任《京津泰晤士报》记者。在此期间结识了埃德加·斯诺，1935年“一·二九”运动爆发后。爱泼斯坦奔波于天津的大街小巷，采访天津民众的抗日活动。1938年底应宋庆龄邀请参加“保卫中国同盟”。1944年5—10月，参加中外记者团赴延安革命根据地采访，受到毛泽东、周恩来、朱德等领导人的接见。1957年加入中国国籍，1964年加入中国共产党。他曾任《中国建设》杂志总编辑，全国政协常委。

美国作家约翰·赫塞

美国作家约翰·赫赛（John Hersey），1914年6月17日出生于中国天津的一个美国传教士家庭。他是著名的小说家和新闻记者，曾任美国作家协会主席以及耶鲁大学文学院院长。他的一生充满了成就和贡献，不仅在文学领域有着显著的成就，还在新闻界占据着重要的地位。赫赛的作品涵盖了小说和报告文学。他的纪实小说《广岛浩劫》（1946年出版）描述了第一颗原子弹给广岛普通老百姓带来的灾难，这部作品使他闻名世界，使他成为美国文学和新闻界的重要人物之一。他的作品不仅展现了他非凡的文学才华，更体现了他对新闻报道的深刻理解和贡献。

京剧表演艺术家齐啸云

齐啸云，原名齐润霖，1932年生于天津，曾就读于英国文法学校。她是一位著名京剧净角女演员，也是中国用英语演唱京剧的第一人。她曾用英语演唱根据莎士比亚名剧改编的原创京剧《奥赛罗》以及中国传统名剧《赤桑镇》《铡美案》《除三害》等，并将希腊名剧《巴凯》翻译、改编成京剧。这些成就都与她曾在英国文法学校的学习经历密不可分。图为齐啸云（右一）与梅葆玖（右二）等人合影。

原英国文法学校主楼全楼共设有五个出入口，在各出入口附近设置了大台阶和不同形式的楼梯，上下极为方便。主楼正中门厅为主入口，设有八根双排塔司干式圆柱支撑上层平台，形成门廊。大厅内两侧采用爱奥尼克式列

▼ **原英国文法学校**旧址位于湖北路59号，建于1927年，由英籍建筑师库克和安德森设计。该楼采用砖混结构，主体建筑为三层，建筑面积为3 800平方米。主楼平面呈飞机形式。其中“机头”部分也就是正中门厅为主入口(正门)，墙体采用水泥饰面，顶部作坡瓦顶。该建筑是一座具有西洋古典主义建筑风格和英国地方传统建筑风格的西洋建筑。

▶ 原英国文法学校内部装修讲究坚固而实用并有特色，内部设有八根双排塔司干式圆柱支撑上层平台，形成门廊，大厅内两侧采用爱奥尼克式列柱，形成富于变化的空间。

大礼堂

◀ 通往三楼图书阅览室的楼梯间。

▼ 原英国文法学校门厅上层的图书阅览室设有大开间、大型的拱券窗，阅览室正面还装饰有大型的柱券、山花。

天津工商学院主楼旧址位于马场道117号。该楼于1924年始建，由法商永和工程司的慕乐负责设计施工，于1926年1月落成。该建筑采用法国古典折中主义的式样，三层混合结构，带地下室，建筑面积为4 917 平方米，平面呈“H”形，用内走廊连接所有教室。屋顶前后各设大圆钟一座，钟楼外观采用法国蒙莎式屋顶，用巴洛克式弧形山花饰物。正面采用红色的坡形瓦顶，檐口有丰富的线脚，充分表现了西方古典主义设计手法所追求的情趣。立面富于变化，首层大块蘑菇石墙面，正中设“凸”字形大平台，下作四组塔什干双柱组成的门廊。拱券形门洞。一层为弧券窗，二、三层为矩形窗。

◀ 原工商学院主楼教堂入口。

▶ 原工商学院主楼室内装修讲究，门厅、大厅、内廊均采用彩色马赛克美术图案地面、教室、办公室为菲律宾木“人”字形地板。此图为二楼走廊。

桑志华创建北疆博物院

桑志华，法国著名地质学家、古生物学家、考古学家

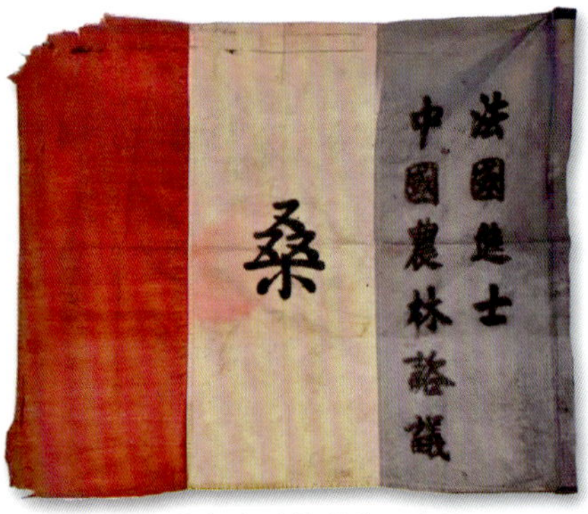

桑志华考察时携带的三色旗

桑志华(Emile Licent，1876—1952年)，法国著名地质学家、古生物学家、考古学家。1914年，桑志华以法国天主教耶稣会神甫的身份来到中国，从事田野考察和考古调查工作25年，足迹遍及中国北方各省，行程5万多千米，采集地质、古生物标本达几十万件。这些w标本和化石最初储存在天津耶稣会修会账房崇德堂内，后来标本逐渐地充斥了崇德堂的各个房间，甚至地下室。因此，桑志华向耶稣会提出创建博物院的要求。1922年，在法国天主教会和天津法租界行政当局的支持下，考虑桑志华的建议，教区决定在位于天津工商学院校内修建博物院，以解决标本收藏的难题。桑志华在马场道南侧盖起了一座占地面积300平方米，高21米的三层建筑。桑志华为其取名为“Musee Hoangho Paiho”，即“黄河——白河博物馆”，后因藏品来源的拓展，将其定名为北疆博物院。北疆博物院是中国北方地区创建最早的博物馆，也是中国建立时间最早的博物馆之一。现在这座建筑两侧的墙上各有中文和法文标志，保留了当年的原貌。

德日进，法国著名古生物学家，1923年来到天津。曾参加北疆博物院建设和北京猿人的发掘和研究工作

桑志华（左）在北疆博物院整理昆虫标本

桑志华（后排左四）与北疆博物院工作人员（后排左七为德日进）

这张照片拍摄于20世纪20年代末，图中从左至右，分别为北疆博物院、桑志华旧居、工商学院主楼

桑志华（左一）野外科考途中

桑志华在工作中

1922年，桑志华与时任北疆博物馆副馆长的德日进在今内蒙古自治区乌审旗萨拉乌苏河畔发现了人类和动物化石，这是中国境内最早发现的古人类化石。

1923年夏天，桑志华和德日进再次联袂北上，发现和发掘了宁夏水洞沟遗址，使之成为中国最早发现、发掘和进行系统研究的旧石器时代晚期文化遗址，对中国的史前考古做出了重大贡献。

桑志华著有《中国东北的山区造林》《华北（黄河及北直隶湾其他支流流域）十年查探记》《桑干河草原旅行记》等；作为主要作者与他人合著了《华北及蒙古人种学上的探险记》《北疆博物馆的鸟类及北疆博物馆收藏的树木标本》等。

桑志华于1938年返回法国，1952年在法国逝世。

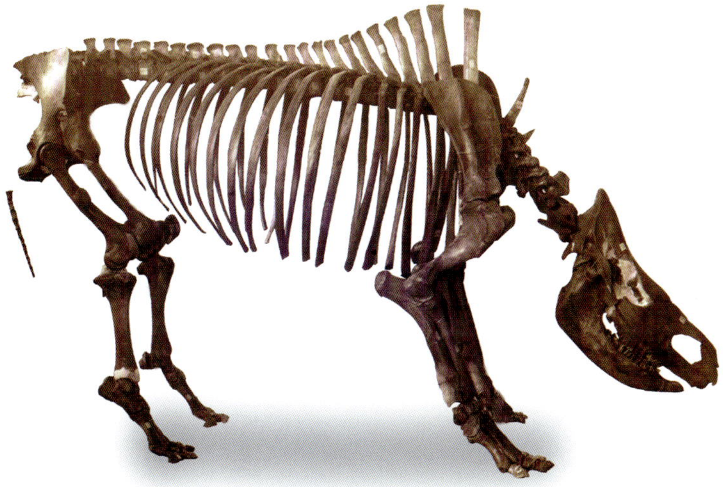

收藏在北疆博物院的披毛犀骨架化石

桑志华在北疆博物院

▲ **北疆博物院旧址**坐落在马场道117号的原天津工商学院院内。该建筑始建于1914年，建筑面积为1 640平方米，使用面积为1 000平方米。平面呈“工”字形布局，北楼、南楼均为三层，两楼之间以连廊相接。陈列室采用中心牛腿柱框架结构，设计独特的建筑风格，初名为“黄河——白河博物院”，其标本搜集范围界定为黄河流域和白河流域的中国北方广大地区，故称北疆博物院。

MUSEE
HOANGHO PAIHO

◀ 北疆博物院通往二楼的楼梯间。
▼ 北疆博物院二楼展厅。

北疆博物院文献档案室

◀ 北疆博物院保留了桑志华当年的工作室。
▼ 坐落于北疆博物院大楼旁的桑志华旧居。

民园广场的前世今生

1926年民园国际运动场

民园广场位于天津五大道的中心区域，始建于1920年，前身是民园体育场，由英国奥运冠军李爱锐以英国伦敦斯坦福桥体育馆的图纸作参考，绘图设计并主持改建，因此民园体育场曾被称为“中国的斯坦福桥体育场”。民园体育场曾是远东地区首屈一指的综合性体育场，也是中国第一个灯光足球场，具有独特的魅力与深厚的历史底蕴，成为天津市民心目中的记忆坐标。新中国成立后，1957年4月，14名队员在领队王伯清和教练邵先凯的率领下落户天津，这标志着天津足球队正式创建，民园体育场在天津体育事业进入蓬勃发展的繁荣时期扮演着重要的角色，也成就了天津足球雄厚的基础。

1947年在天津市第二体育场（今民园体育场）举办的天津秋季运动会

时过境迁，民园体育场无论是功能定位还是配套设施都已不再能满足现代人的生活需要。2012年，天津对民园体育场进行了新的改造。2014年9月，民园体育场掀开了崭新的篇章，成为集“中外游客集散中心、特色文化博览中心、休闲体育体验中心、异国风味美食中心”于一体的中西文化交融的城市休闲广场，主要突出休闲健身、特色文化、旅游消费等功能特征。这个开放性综合休闲活动场所成为天津一道新的亮丽风景线。

旧时的天津民园体育场

李爱锐与民园体育场

1902年，李爱锐出生于中国天津，原名为埃里克·亨利·利迪尔，中国名字叫李爱锐。其父母均为苏格兰人，他是一位为天津教育事业做出贡献的英国著名运动员。1907年，他7岁时回到苏格兰，后毕业于爱丁堡大学。1924年，在巴黎举办的第八届奥运会上，他以47秒6的优异成绩打破当时的男子400米世界纪录获得冠军。1925年，风华正茂的体育明星李爱锐怀着对其出生地的无比眷恋回到天津，在新学书院任教近20年。鉴于李爱锐在世界体坛上的名气，以及他在各地参赛的丰富阅历，1925年英租界工部局决定邀请他参与民园体育场改造设计。于是，李爱锐根据世界田径赛场的标准及自己参赛的经验，对体育场的跑道结构、灯光设备、看台层次等改建提出了一系列建议，这些建议在当时看来是具有世界先进水平的。在他的筹划与监督下，民园体育场终于以全新的面貌成为当时在亚洲范围内首屈一指的综合性体育场。

1981年，英国埃尼格玛制片公司根据埃里克·利迪尔传奇事迹，拍摄了电影《烈火战车》。电影于1982年获得了美国第54届奥斯卡最佳影片奖。

1934年，李爱锐在中国和加拿大籍护士弗劳伦斯(Florence)结婚

1924年，在巴黎举办的第八届奥运会上，埃里克·亨利·利迪尔以47秒6的优异成绩打破男子400米世界纪录

李爱锐在运动场

1929年，李爱锐在民园体育场夺得万国运动会400米金牌

1991年，李爱锐女儿将银盾赛跑奖杯赠送给他任教过的新学书院所在地（天津市第十七中学）

李爱锐在天津任教近20年的新学书院

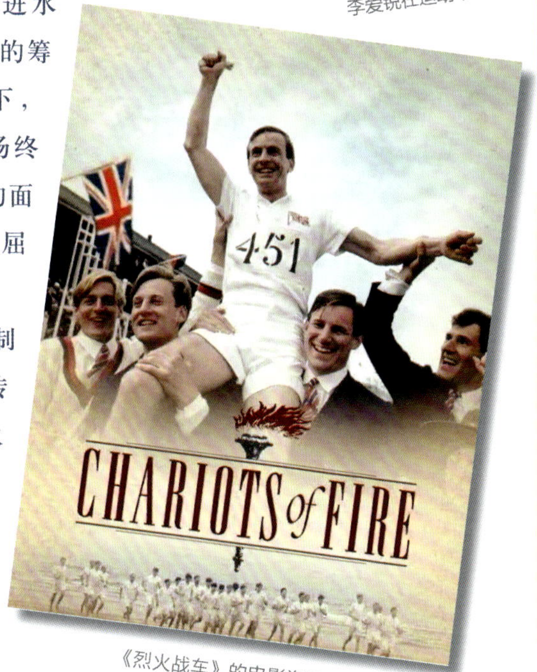

《烈火战车》的电影海报

埃里克·亨利·利迪尔（后排左一）与家人合影

▼▶ **今日民园广场。**新建的民园广场占地面积为33 000平方米，建筑面积为71 236.21平方米。这个开放性综合休闲活动场所主要突出休闲健身、特色文化、旅游消费等功能特征，成为集“中外游客集散中心、特色文化博览中心、休闲体育体验中心、异国风味美食中心”于一体的中西文化交融的城市休闲广场，重新焕发出新的活力。

原英国乡谊俱乐部大楼正面

原英国乡谊俱乐部大楼背面

▼▶ **原英国乡谊俱乐部**坐落于马场道西部，分为游艺部和赛马场两部分。游艺部的中心是南楼，该楼建于1925年，由英商景明工程司赫明斯和帕尔克因设计。该建筑由两幢二层砖木结构楼房组成。红瓦屋面入口设有钢挑檐，大厅为混凝土梁柱结构，顶部为彩色玻璃穹顶，地面铺设硬木地板。入口处有4根红砖方柱，共同构成门廊。楼内设有宴会厅、剧场、图书馆、乒乓球室、舞厅、游泳池。二层设有当年亚洲最大的弹簧木地板舞厅，并采用锤式屋架。两侧建有连列式柱券，列柱上花壁灯和牛腿花饰，风格简洁美观。这里拥有一个具有百年历史的纯正英式地滚球馆。

原英国乡谊俱乐部楼梯间

坐落在睦南道上的睦南公园

第七批全国重点文物保护建筑

天津五大道近代建筑群

序号	名　称	地　　址	类　别	年 代
1	陶氏旧居	天津市和平区成都道14号	典型风格建筑或构筑物	1933年
2	顾维钧旧居	天津市和平区河北路267号	名人故、旧居	1927年
3	庆王府	天津市和平区重庆道55号	名人故、旧居	1922年
4	原英国文法学校	天津市和平区湖北路59号	文化教育建筑及附属物	1927年
5	林鸿赉旧居	天津市和平区常德道2号	名人故、旧居	1935年
6	周氏旧居	天津市和平区河北路277号	名人故、旧居	1933年
7	李叔福旧居	天津市和平区睦南道28号	名人故、旧居	1938年
8	原伪满洲国领事馆	天津市和平区睦南道26号	重要历史事件、机构旧址	1937年
9	孙殿英旧居	天津市和平区睦南道20号	名人故、旧居	1930年
10	张学铭旧居	天津市和平区睦南道50号	名人故、旧居	1925年
11	孙氏旧居	天津市和平区大理道66号	名人故、旧居	1931年
12	吴颂平旧居	天津市和平区昆明路117号	名人故、旧居	1934年
13	张自忠旧居	天津市和平区成都道60号	名人故、旧居	1937年
14	曹锟旧居	天津市和平区南海路2号	名人故、旧居	1923年
15	孙季鲁旧居	天津市和平区郑州道20号	名人故、旧居	1939年
16	潘复旧居	天津市和平区马场道2号	名人故、旧居	1920年
17	张作相旧居	天津市和平区重庆道4号	名人故、旧居	1933年
18	许氏旧居	天津市和平区睦南道11号	名人故、旧居	1926年
19	纳森旧居	天津市和平区睦南道70号	名人故、旧居	1928年
20	李勉之旧居	天津市和平区睦南道74号	名人故、旧居	1937年
21	卞氏旧居	天津市和平区睦南道79号	名人故、旧居	20世纪30年代

序号	名称	地址	类别	年代
22	徐世章旧居	天津市和平区睦南道126号	名人故、旧居	1921年
23	周叔弢旧居	天津市和平区睦南道129号	名人故、旧居	1938年
24	高树勋旧居	天津市和平区睦南道141号	名人故、旧居	20世纪30年代
25	曾延毅旧居	天津市和平区常德道1号	名人故、旧居	20世纪30年代
26	蔡成勋旧居	天津市和平区大理道3号	名人故、旧居	1935年
27	訾玉甫旧居	天津市和平区大理道37号	名人故、旧居	20世纪30年代
28	陈光远旧居	天津市和平区大理道48号	名人故、旧居	1931年
29	龚心湛旧居	天津市和平区重庆道64号	名人故、旧居	20世纪30年代
30	金邦平旧居	天津市和平区重庆道114号	名人故、旧居	1917年
31	徐氏旧居	天津市和平区马场道42号	名人故、旧居	20世纪30年代
32	徐氏旧居	天津市和平区马场道44-46号	名人故、旧居	20世纪30年代
33	雍剑秋旧居	天津市和平区马场道60-62号	名人故、旧居	1920年
34	张绍曾旧居	天津市和平区河北路334号	名人故、旧居	1923年
35	安乐邨	天津市和平区马场道98-110号	典型风格建筑或构筑物	1933年
36	李氏旧居	天津市和平区河北路239号	名人故、旧居	1937年
37	疙瘩楼	天津市和平区河北路283-295号	典型风格建筑或构筑物	1937年
38	卞万年旧居	天津市和平区云南路57号	名人故、旧居	1937年
39	关麟征旧居	天津市和平区长沙路97号	名人故、旧居	20世纪30年代

天津工商学院主楼旧址

序号	名称	地址	类别	年代
1	天津工商学院主楼旧址	天津市河西区马场道117号	文化教育建筑及附属物	1924年

1941. 5. 于明园运动场内、

跋

天津近代文明的引进、创新与发展始于1860年天津开埠通商和设立租界之后。西方资本主义在通商口岸倾销工业产品并进行资本输出，同时将西方近代文明源源不断地引入这些地区，从而使通商口岸不仅成为半殖民地化的典型地区，也成为传播和创造近代文明的基地和窗口。

1860年，被辟为通商口岸后，天津迅速崛起为中国北方开放的前沿阵地和近代中国“洋务”运动的基地。由天津起步的军事近代化进程，以及铁路、电报、电话、邮政、采矿、近代教育、司法等方面的建设，均开了全国之先河，使天津成为当时中国的第二大工商业城市和北方最大的金融商贸中心。19世纪末至20世纪初，天津租界区的街道汇聚了多个国家风格的上千座建筑。这些建筑遗存是中国旧有的传统建筑向现代新型建筑转型的历史见证。其建筑形式广泛吸收了西洋古典主义建筑的多种元素，几乎涵盖了欧洲建筑史上的大部分建筑形式的典型范例。

租界内的教堂、洋行、商店，现代的城市管理与西方的生活方式，直接影响着近代天津的文化走向。一方面，西方文化和固有的中华传统文化发生碰撞；另一方面，在华洋共处、中西交流的背景下，二者又有交融。在近代中国北方，天津以其独特的地理位置和丰富的历史背景，引领了世界风尚的潮流。中西文化在天津的碰撞与融合，催生出具有开放思维和现代意识的广大市民阶层，为天津现代都市文化奠定了坚实基础。天津市民那种竞争意识、生活理念、价值追求以及较为规范的社会交往和社会组织，都直接推进了都市文化水平的提升。

回眸往事，天津五大道地区记载着一段充满屈辱与沧桑的近代史。然而人生最宝贵的东西往往源自苦难的磨砺。历经沧桑的五大道满载着成熟的回忆，平静、忧伤、苍老而凄美，毫无保留地将所有感情与尊严都倾注其中。因此，五大道所拥有的不止于那些充满异域风情的建筑，这些建筑更是城市记忆的重要构成。我们不仅仅满足于怀念昔日文化，追溯过往，更是为了在物质和精神层面上延续我们城市的文化乃至生活本身。这便是“托物言志，托物寄情，托物寄史”的深刻内涵。这些文化遗产存留在城市的空间中，渗透进人们的日常生活里，对城市面貌，人们的行为产生着无法替代的潜移默化的影响。

城以水兴，地以人名。近代百年，天津风云变幻，新潮涌动，造就了众多知名人物。这些名人是历史文化最鲜活的见证。我们力求真实地再现他们的昔日面容，追溯他们的人生历程，客观地记述他们的历史功过，以便深层次地挖掘城市的人脉和文脉，更好地打造“近代中国看天津”的文化内涵。天津近代名人涉面很广，其中不乏重量级人物，本书在编选时遵循以下原则：人物主要活动时间限定在1840年至1949年之间；在近代天津政治、军事、经济、文化等领域的变革演进过程中有重要影响；天津籍人物在外地成名、在全国范围内有相当知名度者。内容大体按照清廷显贵，爱国名将，实业、金融界名人，文化名人，风云人物，外籍人士等类别进行分述。囿于现有资料，本书难免有疏漏或不当之处，敬请读者批评指正。

编 者

五大道小洋楼导览

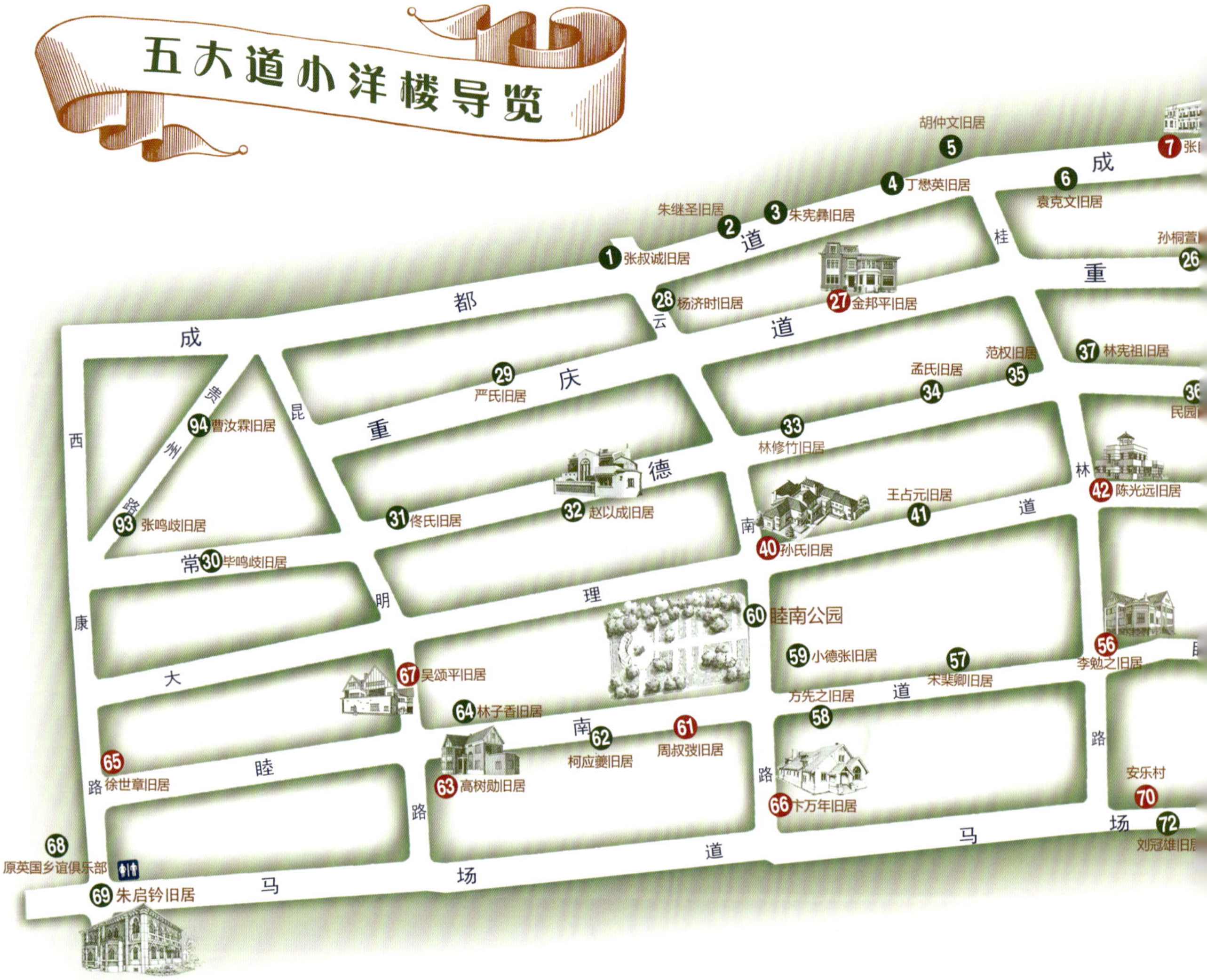

● 此颜色为第七批全国重点文物保护建筑

成都道

1 张叔诚旧居
2 朱继圣旧居
3 朱宪彝旧居
4 丁懋英旧居
5 胡仲文旧居
6 袁克文旧居
7 张自忠旧居
8 杨十三旧居
9 陶氏（陶湘）旧居

河北路

10 李氏旧居
11 先农大院
12 顾维钧旧居
13 马鸿逵旧居
14 周氏（周志辅）旧居
15 徐世章旧居
16 疙瘩楼（马连良旧居）

重庆道

17 胡佛旧居遗址
18 张作相旧居
19 孟恩远旧居
20 庆王府
21 李爱锐旧居
22 山益里
23 金梁旧居
24 民园广场
25 龚心湛旧居
26 孙桐萱旧居
27 金邦平旧居
28 杨济时旧居
29 严修旧居

常德道

30 毕鸣岐旧居
31 佟氏（佟德一）旧居
32 赵以成旧居
33 林修竹旧居
34 孟氏旧居
35 范权旧居
36 民园西里
37 林宪祖旧居
38 林鸿赉旧居
39 曾延毅旧居

大理道

40 孙氏旧居（润园）
41 王占元旧居
42 陈光远故居
43 张伯苓旧居
44 訾玉甫旧居
45 蔡氏家祠
46 蔡成勋旧居
47 鹿钟麟旧居
48 张志潭旧居

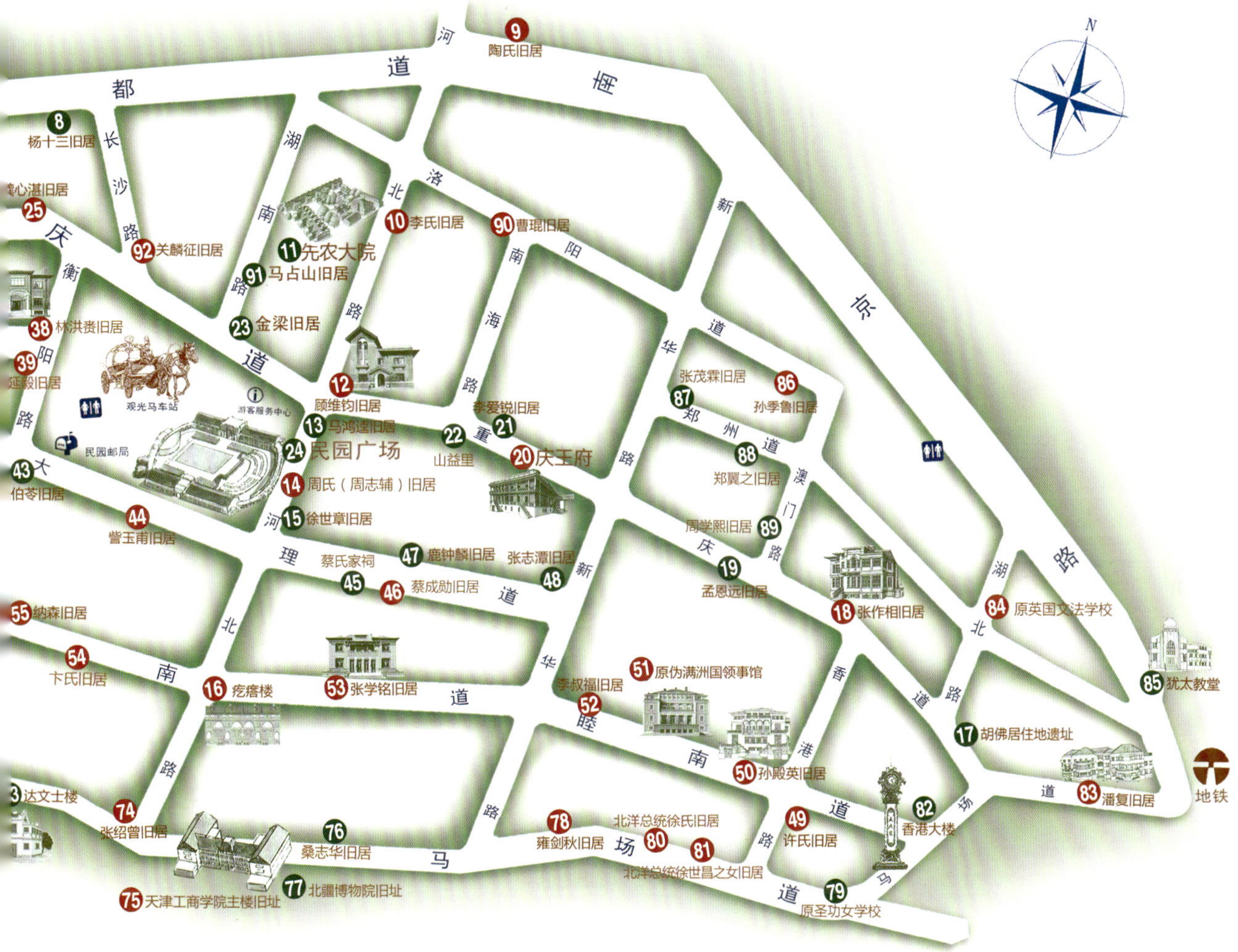

睦南道

- 49 许氏旧居
- 50 孙殿英旧居
- 51 原伪满洲国领事馆
- 52 李叔福旧居
- 53 张学铭旧居
- 54 卞氏旧居
- 55 纳森旧居
- 56 李勉之旧居
- 57 宋棐卿旧居
- 58 方先之旧居
- 59 小德张旧居

睦南道

- 60 睦南公园
- 61 周叔弢旧居
- 62 柯应夔旧居
- 63 高树勋旧居
- 64 林子香旧居
- 65 徐世章旧居

云南路

- 66 卞万年旧居

昆明路

- 67 吴颂平旧居

马场道

- 68 原英国乡谊俱乐部
- 69 朱启钤旧居
- 70 安乐邨
- 71 李烛尘旧居
- 72 刘冠雄旧居
- 73 达文士楼
- 74 张绍曾旧居
- 75 天津工商学院主楼旧址
- 76 桑志华旧居
- 77 北疆博物院旧址

马场道

- 78 雍剑秋旧居
- 79 原圣功女学校
- 80 北洋总统徐氏旧居
- 81 北洋总统徐世昌之女旧居
- 82 香港大楼
- 83 潘复旧居

湖北路

- 84 原英国文法学校

郑州道

- 85 原天津犹太会堂
- 86 孙季鲁旧居
- 87 张茂霖旧居
- 88 郑翼之旧居

澳门路

- 89 周学熙旧居

南海路

- 90 曹锟旧居

湖南路

- 91 马占山旧居

长沙路

- 92 关麟征旧居

贵州路

- 93 张鸣岐旧居
- 94 曹汝霖旧居

图书在版编目（CIP）数据

CITY WALK：打卡五大道小洋楼 / 高大鹏著.
天津：天津大学出版社，2025. 4.
ISBN 978-7-5618-7837-8
Ⅰ.K922.1
中国国家版本馆CIP数据核字第2024YH4894号

策划团队：韩振平工作室
策划编辑：韩振平 刘 焱
责任编辑：刘 焱
装帧设计：高大鹏
插图绘制：高大鹏

CITY WALK

打卡五大道小洋楼

Wudadao Western-Style Buildings

出版发行：天津大学出版社
地　　址：天津市卫津路92号天津大学内（邮编：300072）
电　　话：发行部 022-27403647
网　　址：www.tjupress.com.cn
印　　刷：北京盛通印刷股份有限公司
经　　销：全国各地新华书店
开　　本：880毫米×1230毫米 1/16
印　　张：13.5
字　　数：108千
版　　次：2025年4月第1版
印　　次：2025年4月第1次
定　　价：99.00元

凡购本书，如有质量问题，请与我社发行部门联系调换

版权所有·侵权必究